数学女子 智香が教える

仕事で数字を使うって、こういうことです。

深沢真太郎

日経ビジネス人文庫

文庫化にあたってのはじめに

「仕事で数字を使う意味が初めてわかった！」
「登場人物がまるで自分自身のように思えました」
「この本にもっと早く出会っていたかった」

ストーリー仕立ての単行本『数学女子 智香が教える　仕事で数字を使うって、こういうことです。』を刊行した際に寄せられた読者からのメッセージの一部です。

刊行時の2013年は「ビッグデータ」という言葉がビジネスのトレンドワード。統計やデータ分析に社会の目が集まっていたこともあり、驚くような反響をいただきました。

現在20冊を超える私の著作の中でも代表作となり、版を重ね8刷のロングセラー。そして、読者の方から感想やお礼のメッセージをもっとも頂戴する作品となりました。皆さんからのメッセージに心が熱くなったことを今でも鮮明に覚えています。

本書は、その単行本を文庫化したものです。

自己紹介が遅れました。

私は「ビジネス数学教育家」として活動する国内で唯一の人間です。ビジネス数学とは、数字を使いこなして成果を出すビジネスパーソンになるために学ぶもの。学校教育での数学とはまったく異なるものです。カンタンにいえば、ビジネスに役立つ「数字」と「論理」のトレーニング。

研修や講座などでこれまで述べ1万人近くのビジネスパーソンとお会いしてきました。

そんな私がいま感じていること。それは6年前の「ビッグデータ」の時代とは明らかにビジネスパーソンに求められるものが変わったということです。

働き方改革と声高に叫ぶ行政。「ＡＩに仕事が奪われる」というワードで危機感をあおる有識者。生産性向上をさらに求める企業のトップ。日本を代表する企業でも終身雇用は難しいという現実。これらに共通するメッセージは、「これからは量ではなく質であり、デキる人とそうでない人の差が大きくなるよ」です。

どんな名刺を持っているかではなく、どんな武器を持っているかが問われる。

そういう時代になったのです。では働く私たちにとって、これからの時代に持っておいたほうがいい武器とは何でしょうか。人脈。コミュニケーション能力。ストレスや怒りをマネジメントする技術……確かにそうですね。でも私はこれも重要だと思っています。

数字で語る能力。

あらゆるビジネスシーンで数字をベースにして事実を語らないと信頼されません。データの裏付けがない主張は聞いてもらえません。いかに成功するかを考えるよりも、いかに失敗しないかを考えてしまう現代のビジネスパーソンには、根拠なき主張を聞けるほどの余裕はもうないからです。

こうした時代背景を踏まえ、私はこの物語を文庫版として再び世に送り出すことにしました。この文庫だけのためにオリジナルの新章も書き下ろし、「働き方改革」「AI」「生産性」の時代に働くあなたに届けます。かわいいイラストとコメディタッチの物語。でも、込めたメッセージは真理です。

２０１９年８月

深沢真太郎

はじめに

たとえば、あなたが絶対成功できる自信のある仕事があったとします。

「自信はあります！　根拠？　強いてあげれば自分の経験と勘です」

私は経験と勘を否定するつもりはありません。ビジネスにおいては、時にそれも必要でしょう。問題なのは、〝経験と勘だけ〟だということです。

ビジネス数学指導の専門家として仕事をして2年近くになりますが、はっきりわかったことが2つあります。

1つ目は、多くの企業の経営者や人材育成担当者が、数字で物事を考えられない従業員の多さに頭を悩ませていること。2つ目は、なぜビジネスでは「数字」が重要なのか、どんな場面で具体的にどう使えばいいのか、という問いの答えを多くのビジネスパーソンは知っているつもりで実は知らないということ。

本書は、このきわめてシンプルな疑問に対して、きわめてシンプルに答えるものです。内容も決して難しい数学的理論が登場するわけでもありません。どんなに数字にアレルギーのある方でも、読み終わった後はすぐに現場で実践できるものばかりです。

しかし、そうは言っても「数字」はやはり無機質なものです。ただ単に「べき論」を並べても、読者の皆さんはおそらく退屈でしょう。

そこで、今回は数字に強い数学女子と、経験と直感だけで仕事をする文系男子を主役として、ストーリー形式にすることで数学や数字が苦手だという方にも、親しみやすいようにしました。正反対の２人がビジネスを前進させる様子を、楽しみながら学んでいただければと思います。

そろそろ物語が始まりそうです。仕事で数字を使うとはどういうことか。

２人の主人公が、きっとあなたにその答えを教えてくれるはずです。

２０１３年7月

深沢真太郎

登場人物紹介

株式会社ブライトストーン
BRIGHTSTONE
社長
佐野《さの》賢太郎《けんたろう》
営業部
木村《きむら》斗真《とうま》
28歳。文系。
営業部リーダー。上司や後輩、
販売員たちからの信頼が厚い。
センス抜群で、三度の飯より
ファッションが好き。
ヘッドハンティング
柴崎《しばさき》智香《ともか》
27歳。理系（数学科出身）。
コンサルティング会社から転職。
社長の直接採用により
営業部に配属。
対立
数学的思考を
指導
恋人
信頼
尊敬
頼りきり
期待
商社勤務
アシスタント
アシスタント
部長
縄田《なわた》千春《ちはる》
近藤《こんどう》琢磨《たくま》
島田《しまだ》奈々《なな》
福島《ふくしま》貴志《たかし》

数学女子 智香が教える

仕事で数字を使うって、こういうことです。

目次

第1章

数字を使って会話できますか？

第2章

「データに困らない時代」に困っていませんか？

第3章

あなたは正しくデータを読んでいますか？

第4章

意思決定に数字を使う本当の理由を知っていますか？

第5章

「分析とは何か」を誤解していませんか？

第6章

エクセルでつくったグラフをそのまま使っていませんか？

終章

数字のチカラが仕事を変える

イラスト◎高田真弓

序章

正反対な2人の出会い

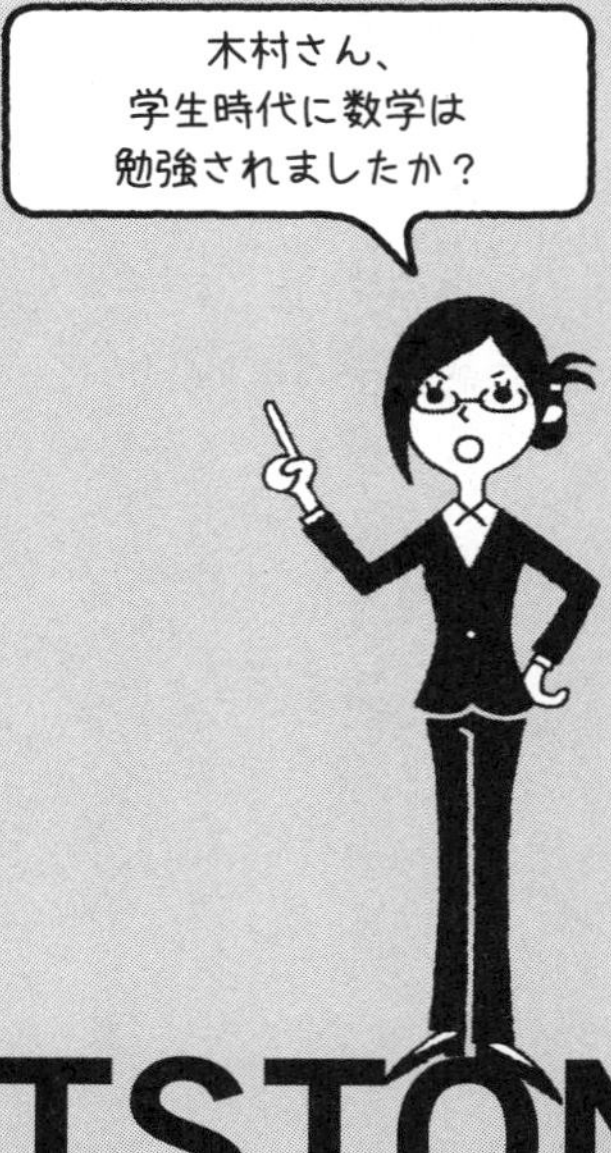
木村さん、学生時代に数学は勉強されましたか？

1 突然のヘッドハンティング!

イブの呼び出し

ちょっと手伝ってよ。

12月24日、時刻は19時30分。言うまでもなく、クリスマスイブの夜のこと。

柴崎智香《しばさきともか》は、かつてビジネススクールで同じ講座を受講したことが縁で知り合った佐野《さの》賢太郎《けんたろう》と同じテーブルにいました。

佐野は中堅アパレル企業「株式会社ブライトストーン」の社長。年齢は45歳。いわゆる

「業界っぽさ」はあまり感じない、ごく普通のスマートなビジネスマンといった風貌です。

ちなみに、この2人は恋人同士ではありません。相談があると佐野が3年ぶりに連絡し、智香を呼び出したのです。軽い雑談を交わし乾杯した後、佐野が柔らかい笑顔を崩さずに開口一番発した言葉が、冒頭の「ちょっと手伝ってよ」でした。

は？

柴崎さんのウワサは聞いてるよ。相変わらずコンサルティング会社で中小企業の支援をしているんだって？　先日もネットの記事で見たよ。大活躍らしいじゃないか。

いいえ、そんなことはありませんけど……。

たしか柴崎さんは28歳だっけ。いや、大したモンだよ。

（カチン）27です。

智香は大手コンサルティング会社に就職して5年目。「女だから」と下に見られることを極端に嫌い、同僚（特に男性）には絶対に負けないと必死で仕事をこなしてきました。

そんな彼女の気の強さは、大学生時代の環境にあったのかもしれません。

智香が卒業したのは理学部数学科。ほぼ男子学生という環境の中で、よくも悪くも女性の智香は目立ちました。誰も言葉にはしないけれど確かに存在する「女のクセに数学科？」という空気。名前ではなく「リケジョ」という名称で呼ばれる屈辱。チャラチャラ遊んでばかりの奴らには絶対負けたくないと、智香は誰よりも学業に学生生活を費やしたのです。

……ああ、失礼失礼。じゃあそろそろ本題に移るとしよう。

佐野さん、手伝うって、いったい何をですか？

ウチの仕事だ。

え？　何にお困りなんですか？　佐野さんの会社、たしか業績は好調ですよね？

佐野が経営する株式会社ブライトストーンは、全国の店舗数が10店舗の中堅アパレル企業であり年商はおよそ5億円。取り扱いブランド「ＷＩＸＹ《ウィクシー》」は20～30代女性向けブランドとして、年々業績が上がっています。

数字だ。

スウジ……？

以前、聞いた記憶があるのだけれど、キミは数学科出身だったよね？

はい。よく覚えていらっしゃいますね。

1つ質問。大学時代に学んだ数学って、いまも仕事に使っている？

（うーん……）いいえ、使っていませんね。あの頃は学問としての数学に夢中でした。仕事に役立つかなんて、考えたこともなかったですね。第一、仕事に使う数学的思考って、大学で学んだような専門的な数学で得られるものではないと思いますよ。

じゃあ、いつの時代に学んだ数学なら、いまの仕事にも役立っていると言えるかな？

少し考える時間がほしいのか、智香はグラスを持って梅酒ソーダを口に含みます。

性格はこれ以上ないほど男勝りなのに、飲み物のセレクトは女子っぽいのだなと、このとき、佐野は心の中でぼんやりと考えていました。

……中学校レベル、もしかしたら小学校の算数レベルかもしれませんね。

それをウチの営業部に指導してほしいんだよね。

まさか、数学の家庭教師をしろってことじゃないですよね？

違うよ（笑）。キミにとっては当たり前かもしれないビジネスにおける数学の扱い方は、当社にいるような〝ファッションバカ〟には身についていないんだ。

ファッションバカでは活躍し続けられない！

智香は少しずつ佐野の言いたいことがわかってきました。

〝ファッションバカ〟であることは大切なことだ。特に若いうちはね。でも、それだけではこの先伸びることはない。数字を使いこなす力が必要だ。

そういうことですか。でしたら喜んで弊社でお手伝いさせていただきます！　日を改めてもう1人コンサルタントを連れてヒアリングにうかがいますよ。

いや、来てほしいんだ。

……？

ウチに来て手伝ってほしい。もちろん、それなりの待遇を用意するよ。

佐野の口元には笑みが浮かんでいます。まるでこの会話を楽しんでいるかのようです。少し緊張が走った智香は、梅酒ソーダをふた口ほど喉に流し込み、恐る恐る尋ねます。

あの、これってつまり、ヘッドハンティングってことですか？

佐野は相変わらず笑みを浮かべながらビールを口に運んでいます。クリスマスイブの夜に、こんな会話をする男女なんてそういるものではありません。恋人同士の会話を楽しむカップルばかりの店内で、この2人のテーブルだけが異質な雰囲気を醸し出していました。

2 なぜ私なのですか？

３つの要素を持つ人物は？

智香には疑問がありました。なぜ佐野はファッション業界で働いた経験がない自分を引き抜こうとしているのか、という至極もっともな疑問です。

佐野さん、３つ質問してもいいですか？

ダメ〜。

はぁ？（イラッ）

ウソウソ、冗談だって（汗）。質問って何かな？

1つ目は、なぜ私なのか？　2つ目は、なぜ当社のサービス提供ではなく、私の転職なのか？　3つ目は……。

相変わらず頭がいいなと佐野は内心思っていました。このような質問力はこれまで厳しい環境の中でもまれ、自分自身で培ってきたものなのでしょう。

3つ目は……どうしたの？

3つ目は、なぜこの話をするのがクリスマスイブなのか？

ははは、なるほど。わかったよ、1つずつ答えていこう。

佐野はノートとペンを取り出し、図を描いて智香に見せました。このような図を数学では「ベン図」と呼び、大学生が就職試験で解くＳＰＩ試験などにも登場する「集合」という単元で使うイメージ図です。ちなみに、19世紀、イギリスの数学者であるジョン・ベンによって考案されたものでその名に由来しています。

［図序-1］ 佐野が描いたベン図（3つの集合）

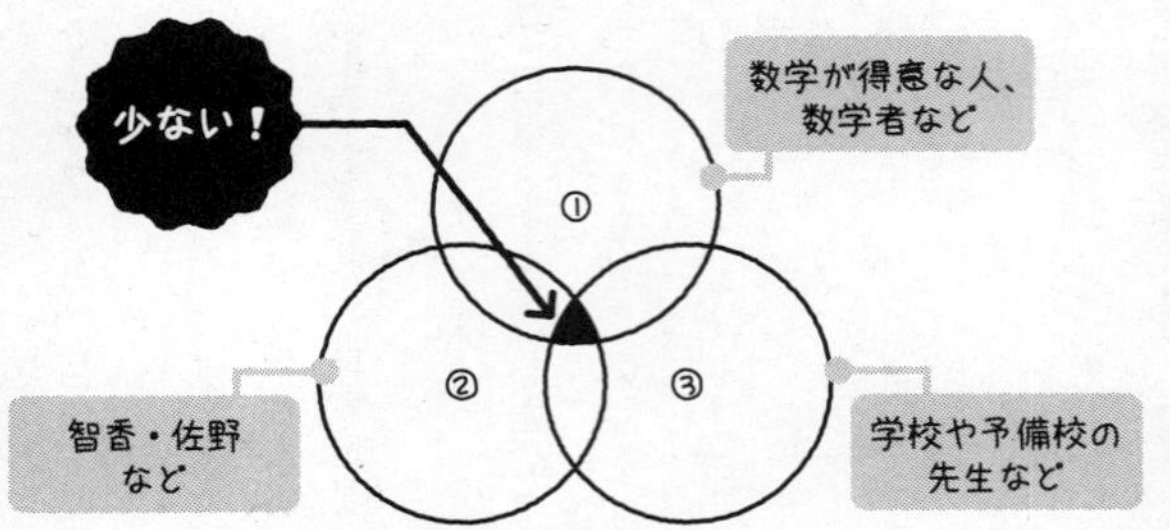

①…数学的思考が備わった人の集まり
②…ビジネス経験豊富でスキルや思考法が身についている人の集まり
③…指導する（教える）ことを仕事にしている人の集まり

3要素のベン図ですね。

そう、3つの集合を考えよう。そしてそれぞれこうネーミングしよう。①の「数学的思考が備わった人の集まり」には数学が得意な人や、数学者などが当てはまる。一方、②の「ビジネス経験豊富でスキルや思考法が身についている人の集まり」は世の中にたくさんいるよね。私もキミも、ここには入っていると言えるだろう。

③もたくさんいますよね。学校や予備校の先生とか。

確かに。でもキミだったら別の職業も

思い浮かぶはずなんだが。

……コンサルタントですか！

佐野が説明したかったことは、学生時代にしっかり数学と向き合ったことで本物の数学的思考を持つことができ、なおかつビジネス経験が十分あり、さらにそれを指導することが本職である人というのは、実はきわめて少ない人種だということなのです。

だから、私が適任だということですか（悔しいけれどわかりやすい）。

そう、納得した？　ちなみに2番目の疑問については答えはシンプル。指導するなら距離が近いほうが絶対いいから。通信添削の赤ペン先生よりも、塾で直接プロに指導してもらったほうが勉強は効率的だよね（ニヤニヤ）。

いままで、こんなこと考えたことなかったです。確かに、学校教育や受験指導をする数学の専門家はたくさんいるけれども、社会人に必要な数学的思考を教えられる人って世の中に少ないのかもしれません。

智香の心の中に「ワクワク」という言葉でなければ表現できない不思議な感情が芽生えていました。コンサルティング会社での5年間で得たものは数えきれません。しかし、あくまで「外側」から指導していることで距離を感じていたこともまた事実でした。「内側」にポジションを取り、自分の経験と専門性を使って指導し、一緒にビジネスを拡大していく。しかも自分がまったく関心のなかったファッションのビジネス。悪くないと思い始めていました。

あの、ところで……。

ああ、最後の質問ね。柴崎さんだったら、きっとクリスマスイブでも予定がないかなって思って♪

佐野さんって、ホント失礼ですよね！（……まぁ実際なかったけど）

ニヤニヤしながら失礼なことを言う佐野に腹を立てながらも、智香は同時にこう思っていました。佐野が「新しいチャレンジの場」というクリスマスプレゼントをくれたと。

ビビっときたらすぐに行動することを信条としている智香は、梅酒ソーダを飲み干し、グラスの赤ワインをオーダーしたこのとき、心はすでに決まっていました。

ところで話は変わるけれど、柴崎さんはどんな男性がタイプ？

佐野さんってそういうセクハラトークもするんですね（ジロリ）。

おいおい（苦笑）。普通の世間話として受け止めてよ。

はい。そうですね……まあ私と同じように仕事に命かけている人ですかね。

まったくキミらしいな。じゃあ逆に嫌いなタイプは？

そうですね……俺はイケている、みたいな調子に乗ったチャラチャラしたタイプは大嫌いですね。

佐野はニヤニヤしながらビールを口に運びました。

その表情が物語る真意を、このときの智香はまだ知らなかったのです。

3 ファッションリーダーvs.数学女子

最悪の出会い

今日の俺、イケてる？

はい、そのジャケットすごくイイです♪　木村さんってホントいっつもオシャレですよね〜。

奈々ちゃんもいいセンスしてるよ〜。そのスカートはウチの新作でしょ？

これは、株式会社ブライトストーン営業部にて毎朝繰り広げられる会話です。

木村《きむら》斗真《とうま》は28歳の営業部リーダー。ファッションが三度の飯よりも好きだと公言している彼は、大学を卒業してすぐに大手アパレル企業に入社し、ショップの販売員としてキャリアをスタートさせました。メンズ・レディース問わず、その幅広い知識と接客術、お客様への提案力や魅力的なコーディネートをつくるセンスは図抜けていました。

２年前、ショップの販売員からブランド全体のディレクションをする仕事を求め、株式会社ブライトストーンへ転職したのです。

そうなんですぅ。とってもかわいいと思いません？　そういえば去年の営業戦略会議のときに木村さんが絶対売れると断言していたアイテムですよね。木村さんが言うんだからきっと売れますね♪

よく覚えているね～。さすが奈々ちゃん！

営業部という名称ではありますが、木村の仕事はいわゆる「営業」だけではありません。商品の企画や販売戦略、ＰＲや店舗スタッフの指導などマルチにこなしています。いわば、この職場の「エース」といったところです。

ちなみにこの会話の相手は島田奈々《しまだなな》。新卒でブライトストーンに入社して2年目。営業部に所属し、アシスタント業務をこなしています。とにかく美人でオシャレ。学生時代は読者モデルの経験もあり、その仕事ぶりは木村からも高い評価を得ているのでした。

あ、そういえば木村さん。今日は4月1日じゃないですか。新しい仲間が1人増えますね。

ああ、女性らしいね。部長や社長に聞いているんだけど、どんな娘《こ》なのかまったく教えてくれないんだよ。ま、キチっと言われたことをやってくれれば、それでいいけどね。あとはやっぱりオシャレじゃないと困るけど。

木村さん、そこについてはかなり厳しいですよね。

当然！　だって俺たちの仕事はファッションを提案することだよ？　何よりも洋服を愛し、自分がお手本にならなくてど～するんだっての。

まあそうですよね～。そんなファッションに熱い木村さん、私はいつも尊敬してい

ます☆

奈々ちゃん、照れるからやめてくれよ～。

次の瞬間、佐野社長が1人の女性を連れてオフィスに入ってきました。そして、明らかに木村のほうに向かって歩いてきます。ニヤニヤしながら目の前で立ち止まった佐野とその隣にいる無表情の女性を見て、木村は固まってしまいました。

木村、お待たせ。今日から営業部で一緒に働いてもらう柴崎智香さんだ。

柴崎です。初めまして（ニコッ）。

年齢はお前の1つ下だ。先輩として、しっかり指導してやってくれよ。

初めはわからないことばかりだと思いますが、どうぞよろしくお願いいたします（ニコッ）。

木村が「固まった」理由は、智香の姿を見て愕然としたからです。

というのも、上下黒のごく普通のパンツスーツにごく普通の白のブラウス。靴は黒のごく普通のパンプスに、持っているバッグはごく普通の通勤用。そしてメガネ。どう見てもいわゆるオシャレとしてつけるメガネではなく、中年男性が視力矯正用にかけているかのような細フレームのもの。

……。

木村、どうした？

……いいえ、何でもありません。

じゃ、後はよろしくな。

佐野が立ち去った後、木村は改めて智香を（悪意はないけれども）上から下へなめまわすように見てしまいました。

……（ダサい）。

……？（ニコッ）

えっと、柴崎さんだっけ。１つ質問があるんだけど。

はい、何でしょうか？

そのスーツは、いったいどちらで購入したの？

は？　覚えていませんけど。

……ちなみに、普段よく着るブランドはどこ？

は？　特に決めていません。別にどこでも同じだと思いますけど。

すでに隠しようがないほど木村の顔は引きつっていましたが、なんとか笑顔で返していました。そんな木村の心情を知ってか知らずか、逆に智香が木村に質問を始めます。

私は数学科出身です！

木村さん、逆に質問してもよろしいでしょうか。

え、どうぞ。何でも聞いてくださ〜い（ニコニコ）。

木村さん、学生時代に数学は勉強されましたか？

はぁ？　何そのインタビュー。ま、いいけど。そうだね〜、数学は大嫌いだったな。結局最後まで意味わかんなかったし。

数学は私が一番得意な教科でした。私、大学は理学部数学科ですので。

あ、そう。だから何なの……？（何だコイツ）

私と木村さん、ひょっとすると正反対なタイプかもしれませんね（ニコッ）。

言葉にしがたい居心地の悪さに耐えられなくなったのか、木村は無言で踵《きびす》を返し、デスクに戻ろうとします。その後ろ姿を智香は見つめ、大きく1つ深呼吸をするのでした。

実はこの2人の出会いが、後に株式会社ブライトストーンを大きく変えることになります。ファッションには無関心な「数学女子」が、超文系の先輩ファッションバカ（もとい、ファッションリーダー）をどう「指導」していくのか。そして仕事の仕方はどう変わっていくのか。対照的な2人が織り成すビジネスストーリーが、いま始まります。

第1章

数字を使って会話できますか?

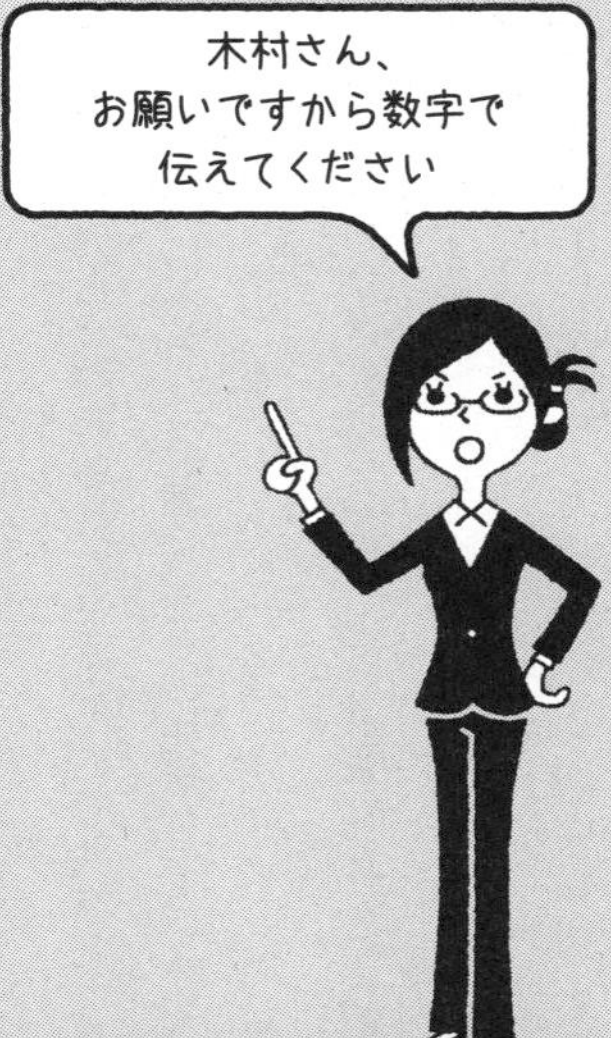
木村さん、
お願いですから数字で
伝えてください

1 俺が売れると思ったものなら必ず売れる

「数字が伸びた！」で終わり？

その日の夕方は、毎週定例の営業会議。前週の売上高や販売数などを部内で共有し、今週の販売戦略をまとめ、ここで決めたことを全国にある10店舗に一斉に指示しています。店舗は関東を中心に名古屋、大阪、福岡など主要都市に構えています。

社長の佐野が入ることは滅多になく、この会議のファシリテーターは営業部長の福島貴《ふくしまたか》志《し》です。もちろん今日から智香もこの会議に参加することになります。

イテテ……。

部長、どうしたんですか？　首なんか押さえて。

いやね、週末に久しぶりにサッカーをしたんだけどさ、ヘディング競ったときに後ろからチャージされちゃってさ。

それは災難でしたね。あまり無理されないほうがいいですよ～（もう歳なんだから）。

ははは、そうだね。うし、じゃあそろそろ始めますか。近藤、いつも通り報告してくれ。

近藤琢磨《こんどうたくま》は奈々と同じ営業部アシスタント。新卒で入社して3年目の25歳。性格もあるのでしょう、ひと言で言うと「大人しくて冴えない」タイプです。ファッションにもあまり詳しくなく、仕事もどちらかというと遅いため、木村からはいつも怒られてばかりです。

はい、では報告します。お手元の資料の通り、前週の売上額は全店舗で1920万5000円、前週比は108・7%でした。

おお！　数字が伸びたね～。よしよし。で、その要因は何なの？

私にはわかりません。

……。

木村がすかさずツッコみます。

いい加減それなんとかしろよ。実績を報告するだけなら高校生でもできるぜ。

はあ、すみません。でも木村さんが中身を見てくれているからまあ大丈夫かなと。

まあ確かにな。でもそれじゃいつまで経っても成長しないぞ。

はあ、でも別にボクは出世しようとか偉くなろうとか思っていませんから。

（ダメだこりゃ……）まあ後でゆっくり話そう。続けてアイテム別データを報告してくれ。

智香を除く全員が手元の資料に目を落とします。

ファッションという「商品」はちょっとしたことで動きが変化するデリケートなものです。たとえば気候や季節のイベント、人気モデルのテレビ出演、ファッション誌の特集など。

全体的な数字の動向はもちろん大切ですが、アイテムごとの動きは彼らにとって非常に関心の高い情報なのです。

ジャケット、ニットが引き続き好調ですね。春トレンチコートはちょっと落ち着いてきた感じです。

先週の会議で決めた注力商品の動向は?

はい、５９００円のパステルカラーのVネックニットは、前週比20%アップ、木村さんからの指示で店頭の露出を増やした９８００円の白のセンタープレスパンツが一気に伸びました。あと、スーツもセットアップで売れた点数が伸びています。前週比15%アップ。

おお! 狙い通りの結果だね~。素晴らしい。先週の会議で木村が言っていた通りだな。

まあこんなモンですよ。俺の経験によれば、この時期は春を意識したいからパステ

ルカラーのトップス、すでにそれを持っている人はトップスが映える白パンツ。スーツのセットアップは新生活を前にした駆け込み需要。

なるほど〜！　勉強になります。

奈々ちゃん、今後に期待しているよ（ニコッ）。

ＯＫ！　では今週は何を売っていくのかを確認していこうか。

そのとき、無言で右手をスッと挙げる者が1人。智香です。

そのちょっと不気味な行動に、一気にメンバーに緊張が走りました。斜め前に座っていた木村は怪訝な表情で智香を見ています。

売れた理由は「俺のセンス」？

ん？　柴崎さん、どうしたの？　ああ、そういえば挨拶していなかったね。営業部長の福島です。キミには期待し……。

質問してもよろしいでしょうか。

……ああ、どうぞ。

結局、前週比108・7%の要因は何なのでしょうか？

ん？ さっき近藤が説明してくれたアイテムの好調によるものだろう。

そのアイテムが好調だった理由は何なのでしょうか？

ん？ それは木村の考えた販売戦略が当たったからだよ。

本当にそうなのでしょうか？

黙って腕を組んで聞いていた木村の表情が露骨に曇ります。もうしばらく黙っていようかと思っていましたが、部長の福島は言葉に詰まっている様子。奈々、近藤の視線も、この会話の2人ではなく、木村のほうに向けられていました。

「仕方ない、そろそろ出番か」と言わんばかりに、木村がゆっくりと話し始めます。

柴崎さん、あなたはファッション業界で仕事したことあるの？

いいえ、まったくありません。

まったくないのによくそんな質問ができるね。いいかい、ファッションっていうのは感性のビジネスだ。高いセンスを持った人間が、経験と直感で物事を決めていく世界だ。悪いがズブの素人に、俺の仕事に対して口出ししてほしくないね。

木村は、最後は意志を持って嫌味を言い放ちました。智香はじっと聞いていましたが、その表情は変わりません。

「何か言えよ。そうか、何も言えないのか」と、沈黙に耐えられなくなったのは木村のほうでした。

俺が売れると思ったものは、必ず売れるんだよ！

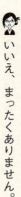

2 「ABテスト」を知っていますか?

見極めるにはABテスト

そんなことはあり得ません。

一瞬、木村はその言葉の意味がわかりませんでした。

なぜ今日きたばかりの数学オンナにそんなことが言えるのか。だんだんと木村がイライラしてくるのを周囲のメンバーは感じ取っていました。それでも怒りを抑え、木村は優しく問いかけます。

……何でかな？

ＡＢテストってご存じですか？

はあ？

ちょっとホワイトボードを借りますね。

智香はスッと立ち上がり、会議室のホワイトボードに何かを描き始めました。木村以外の全員は呆気にとられて智香の背中を見つめています。本来なら議事進行するべき部長の福島もダンマリを決め込んでいました。

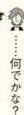

智香は書き終わった図が全員に見えるようにホワイトボードの右側に立ち位置を変え、説明を始めます。

ウェブサイトで頻繁に見るバナー広告を事例にします。デザイナー肝いりのバナーＡとそうではないバナーＢを同じ条件で表示させたとします。バナーＡのクリック

[図1-1] ウェブサイトのバナー広告の評価

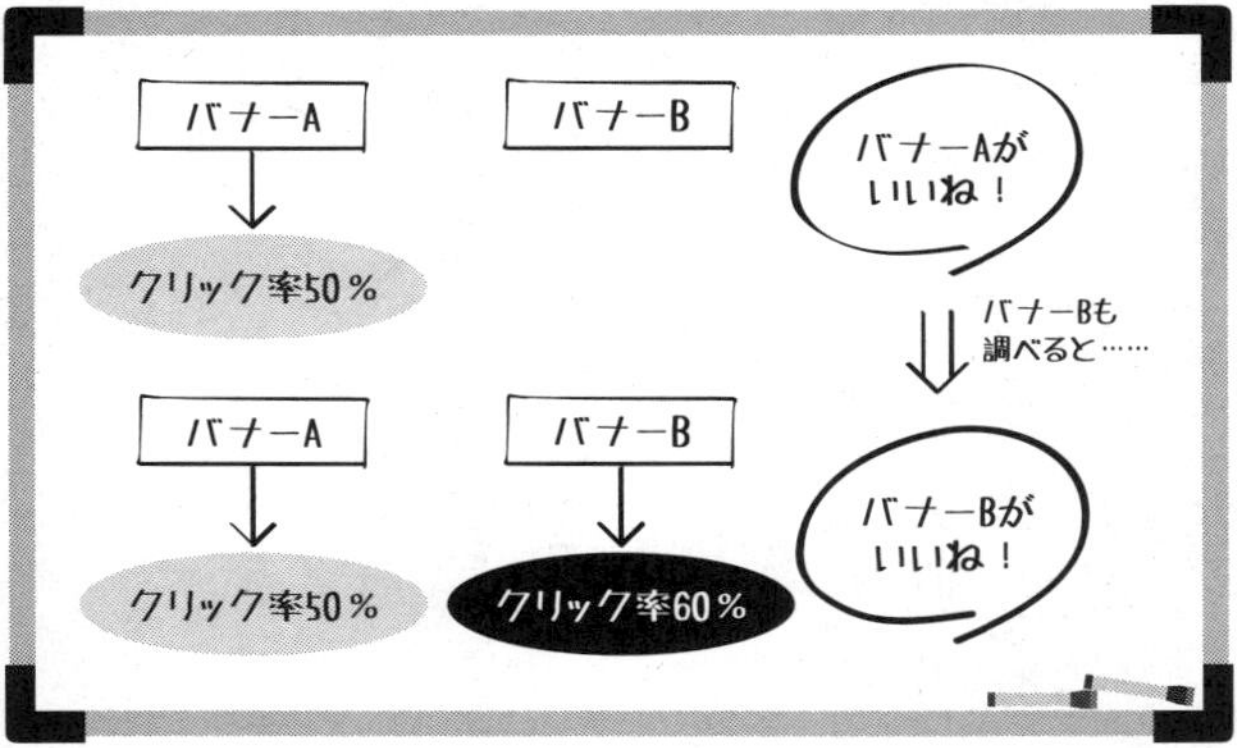

率が50%だった場合、皆さんはこのバナーAをどう評価しますか?

俺はあまりウェブのことは詳しくないけれど、50%ってかなり高い数値じゃないの?

ということはつまり?

Aのパフォーマンスはいいってことじゃん。

ではうかがいます。バナーBのクリック率が60%だとしたら?

それだったら、AよりもBのほうがいいって結論だろ(何を当たり前のことを)。

会議室の中は沈黙。木村には智香があえて沈黙をつくっているように思えました。いったい何なのだコイツは。

まだわかりませんか？

だからいったい何がだよ！　いい加減にしてくれないか。今日この会議で議論することは他にもたくさんあるんだよね。

先ほどの先週の数字の議論、バナーBのことは考えなくてよいのでしょうか？

はあ？

1人だけようやく智香の言いたいことを理解できた者がいました。部長の福島です。悟られまいとポーカーフェイスを演じてはいますが、確かに先ほどの議論に決定的に抜けている視点だったことは認めざるを得ません。

先ほどの議論で動きを把握したのは、戦略的に売ろうと決めた商品だけです。つまりバナーAの反応だけを確認したにすぎません。

……。

そうではない商品、つまりバナーBの動きも把握しなければ、バナーAの評価なんてできないはずだと思いますけど。実際、前週のアイテム別セールス上位を見ると、それ以外の商品が多いですね。ざっと伸び率を計算してみるとこんな感じでしょうか。

評価は「それ以外」を見てから

智香はホワイトボードの空いているスペースにざっくりとした表を描きます。他のメンバーもようやく智香の言っていることが理解できてきました。言われてみれば当たり前のことですが、いままでその視点を持って数字を見たことはなかったかもしれない。智香と木村を除く3人は心の中でそう思っていました。

［図1-2］ 前週セールスTOP10のアイテムを2つに分ける

	木村セレクトの商品	それ以外の商品
前週比	約115％	約120％

もし木村さんが売れると思ったものが必ず売れるなら、当然他のアイテムも「売れる」と思っていたということですよね？ この数字に矛盾しませんか？

こんなの、屁理屈だ！ 第一、俺が売れると見込んだ商品が伸びたことは事実だろ。店頭での見せ方を細かく指示したからだ！

実は私、ここに入社する前に少しはファッションのことを知らなければと思って、週末にいろんなアパレルショップを見てきたんですよ。

それがどうしたんだよ！

どこのお店もだいたいパステルカラー

のニット、白のパンツ、セットアップのスーツは〝売る〟モードだったと感じました。

……。

あと、先週はキャリア系ファッション誌がいくつか発売されていました。

……。

それから、多くのビジネスパーソンがちょうど給料日明け初めての週末だから、人は多かったですね。

何が言いたいの？

木村の怒りはもはや爆発寸前。ポーカーフェイスのままの福島、「部長、なんとかしてよ～」と心の中で叫んでいる奈々、我関せずといった感じで涼しい顔の近藤。三者三様でメンバーが黙っている中、智香は笑顔でこう答えたのです。

木村さんが何もしなくても、前週は数字が伸びたと思いますよ、きっと。

3 もう避けては通れませんよ

ビジネスシーンでも中学数学で十分

いけしゃあしゃあとこんなことを木村に言えるのは、いまこの会社には智香しかいないかもしれません。なにせ福島部長も営業や店舗運営の経験はあるものの、ファッションに関しては言わば素人。マーチャンダイジングや商品の選定をほとんど木村に任せてきたのが実情です。そんな福島も、さすがにこのまま放置しているとマズイと感じたのでしょう。ようやく2人の間に割って入ってきました。

まあまあ、ちょっと冷静になろうじゃないか。

私は冷静ですけど。

確かにその通りです。ところが木村は眉間に皺をよせて智香を睨んでいます。明らかに不機嫌な様子です。「面白い人がいるから、営業部で育ててくれないか」とだけ佐野に言われていた福島にとって、この展開はまったくの想定外です。

しかし、同時にこれまでの営業部にはなかった「視点」と「能力」を持った人材であることは、この数分間のやりとりではっきりしています。そこはマネジメント経験は豊富な福島。「どうすれば木村と柴崎智香をうまく機能させられるか」を考え始めていました。

あはは〜。こりゃ失敬。柴崎さんはコンサルティング会社にいたから考え方が論理的だし、視点も違うね〜。勉強もできたんじゃない？

どうでしょうか。大学は数学科の出身ですけど。

数学！　そりゃすごい。どうりでロジカルだし数字にも強いわけだ。

でも大学時代の数学はビジネスではほぼ使いません。せいぜい中学校レベルですよ。

この発言にまたもカチンときたのが木村でした。いちいちカンに障るヤツ、とイライラが募ります。

だいたい何で数学なんてベンキョーしていた人間がファッション業界で仕事するんだよ。そこから間違ってんだろ。

木村は黙っていられず、つい無神経なことを口から発してしまいました。言った後に少しだけ言い過ぎたかもしれないと後悔しましたが、もう後戻りはできません。表情を変えず智香を睨みつけます。

しかし、実はこの木村の問いは、その場にいる全員が知りたいことでもありました。

……。

「佐野社長から、あなたを〝ファッションバカ〟から卒業させるために指導してくれと頼まれたからよ！」と真実を言うことは簡単でしたが、それはさすがに佐野から口止めされていました。本人が気付かなければ意味がないからです。あくまでも、「コンサルティング会社を辞めて、イチから営業のことを学ばせてもらいたい」という体《てい》で振る舞わなければなりません。しかし、智香はこの質問にはしっかり本音で答えなければいけないと本能的に思いました。別にケンカをしにきたわけではありません。彼らは、智香にとって「仲間」でなければならない存在ですから。少しだけ息を吐き出し、智香は答えます。

私のようなタイプが、この会社には少ないと思ったからです。私には皆さんと同じような仕事はできません。でも、逆に私にしかできない仕事もきっとあるのではと思ったからです。

これは、偽らざる智香の本音でした。その瞬間、福島の表情が少し緩んだことを奈々は見逃しませんでした。近藤は、初めてまともに智香の顔をじっと見つめ、そして智香と初めて目を合わせます。

しかし、1人だけこの発言を聞いても態度を変えない人物がいました。言うまでもなく、木村です。

おいおい、何で〝上から〟なんだ⁉　ここはアパレル企業ですよ。センスと直感でビジネスをする世界だ。あの有名なファッションデザイナー、パール・レミレスは理系オタクだったか⁉　日本最大のアパレル企業経営者は数学科出身だったか⁉　いいや、違う。みんな先見の明があるセンスの塊だったんだよ！　部長、今日の会議はこれで終わりにしましょう！　各店舗への指示は俺が考えて今日中に出しておきますから。

木村はそう言うと会議室を飛び出してしまいました。

智香が入社する以前から、木村は何か気に入らないことがあると、子供のような振る舞いをすることがありました。もちろん、上司である福島は注意することもありましたが、木村の個性と先見性が、ブライトストーン社の業績好調の要因であることもまた事実だったため、多少は……と目をつぶっていたのです。

智香は福島のほうを向き、少しだけ表情を和らげて話を始めます。

部長、いまはいいかもしれません。でも、この好調がこの先ずっと続くと思いますか？　まして今日の会議のような〝どんぶり〟で、いつか訪れる正念場を乗り越えることができますか？

「文系だから」はもう通じない

痛いところを突かれていました。うすうす感じているけれど、日々の忙しさを理由にして後回しにしてきたテーマでもあったのです。奈々も近藤も黙って聞いています。感じていることは福島と同じでした。

佐野社長がなぜ柴崎さんをここに連れてきたのか、わかった気がするよ。恥を忍ん

で言うが、キミの言う通りだ。

アパレル企業だろうと何だろうと、数学的な思考やテクニックは絶対に身につけておくべきものです。でも、専門的なものではなくていいんです。先ほどのＡＢテストの話も、使っているのは「パーセント」だけですから。

確かにそうかもしれないね。私自身、文系出身だからということを言い訳にして、これまで避けてきたテーマだったかもしれない。

私は前職で、最初は投資や新規性で大きく成長したけれど、数字を使うスキルが管理職や職場のエースに備わっていないがために、あっという間に衰退していった中小企業をいくつも知っています。

……。

断言します。もう、避けては通れません。

その言葉は、この日の会議でもっとも説得力ある言葉として、営業部メンバーの心に突き刺さったのでした。

4 その「前年比」は意味がある？

「伸びている」ってどういうこと？

翌日、智香は営業部で一番早く出社しました。オフィスでの智香の席は、木村の隣です。昨日のあの会議の後、実はこの2人は一日いっさい口をきかず、目も合わせていません。正確に言うなら、木村が智香の存在自体を「無視した」と表現するべきでしょう。そういう意味で、営業部にとって4月1日はなんとも重苦しい空気の一日だったのです。

午前9時20分、近藤と奈々が出社してきました。

おはようございます。

おはようございま～す。

おはようございます。

柴崎さん、早いですね～。もしかして早起きが得意なんですか～？

そうですね。朝はなるべく早く起きるようにしています。

あ、柴崎さん、ワタシたち年下ですから、敬語ナシでＯＫですよ～。

まだ入社したばかりの智香との距離を縮めようと奈々が話しかけます。こういう軽い感じの女性はあまり好きではない智香ですが、入社したばかりのいまは、そんな気遣いがありがたかったりしました。近藤は相変わらず我関せずといった感じでさっさと席に座りパソコンの電源を入れます。

すると、木村が眠そうな顔をしながらオフィスに入ってきました。

おはようございます。

ん？　ああ。

早速ですけど、昨日の売上額はどうだったんですか？

ああ、まあまあよかったみたいだけど。

まあまあって？

〝伸びている〟ってことだよ。これから教えようと思っていたけれど、営業部フォルダにアクセスすれば毎朝前日の各店舗の売上報告が確認できるから、それを見ればわかるよ。

わかりました。それで、まあまあって何ですか？

だから〜、〝伸びている〟ってことだよ。

早速、始まりそうな予感です。奈々と近藤は目線を合わせず、自分の仕事をそそくさと始めようとします。

伸びているって具体的にはどういうことですか？

……（ほんっと、コイツとはムリだわ。会話がかみ合わない）。

木村さん、お願いですから数字で伝えてください。

だからデータを見ればわかるって。

データを見て、それで済むなら中学生でもこの仕事はできます。

（カチン）……中学生？

すると、前日の売上データを見ていた近藤がボソボソと話し始めました。

あの、昨日の全店売上額は278万4000円です。予算比は102％、前日比89％、前年比は130％でした。まあとりあえず予算は達成していますね。

な、だから言っただろ。〝伸びている〟って。把握することはそれで十分。

近藤さん、ありがとう。ところで、木村さんに1つ質問があります。

木村は嫌な予感がしました。「出た。またかよ……」と思い、露骨に嫌な表情をして見せましたが、智香はそんな木村の醸し出す空気などまったく気にしません。

その比較に意味はある?

前日比と前年比のデータは何のために使っているのでしょうか?

はは、何言ってんの? その日の数字を評価するために決まっているだろ。

それは前提が同じ場合に限ります。

ゼンテイ??

つまり日曜日と月曜日、昨日と1年前の同じ日は、同じか、あるいは近いコンディションじゃないと評価する意味がないってことです。

あのさ、申し訳ないんだけれど、あなたの言っている意味がわからん。

木村の言葉などお構いなしに智香は続けます。木村は次の会話が終わったらさっさと無視して仕事を始めようと思っていましたが、ここでも1つ大切なことを学ぶことになるのです。

たとえば昨年の2月5日、関東に大雪が降りました。今年の2月5日は好天でした。このときの2月5日の〝前年比〟って意味のある数字なのでしょうか。

……!

私が言いたいことは2つです。まず1つ、前日比や前年比をデータとして持つこと自体は悪いことではないと思います。2つ、ただしそれを評価するために使ってよいのは、前提が同じ場合に限るということです。

なるほど。

あ～、確かに言われてみればそうかも!

思わず2人がつぶやきました。いつの間にか木村と智香の会話のせいで2人の手は止まっています。確かに売上額などのデータは日々蓄積されていくもの。ゆえにほぼ自動的に前日と比較することもできるし、前年とも比較することができてしまいます。

しかし、そこで得られる数字には少々注意が必要です。

[図1-3] その数字は評価に使える？

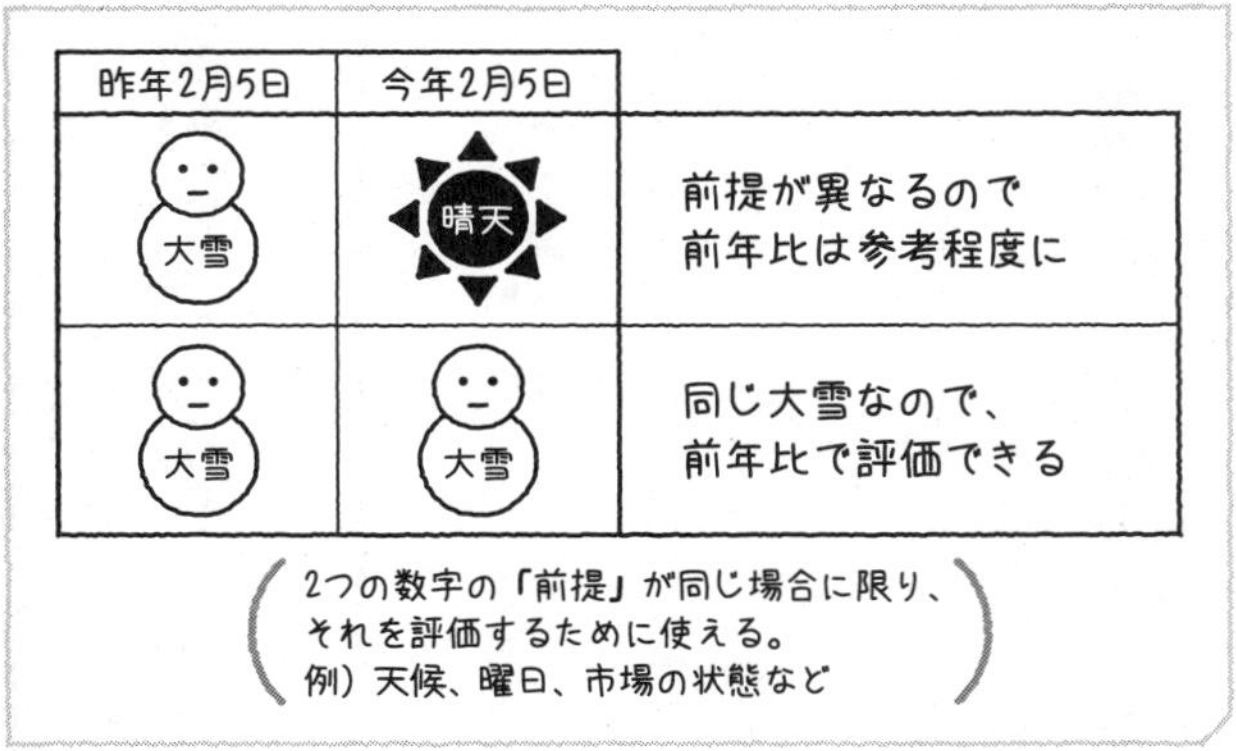

昨年2月5日	今年2月5日	
大雪	晴天	前提が異なるので前年比は**参考程度**に
大雪	大雪	同じ大雪なので、前年比で**評価できる**

（2つの数字の「前提」が同じ場合に限り、それを評価するために使える。

私の仮説ですが、日曜日と月曜日ではそもそも客層やお客様のモチベーションが大きく違うのではないでしょうか？ 今年と昨年とでは市場の状態や「WIXY《ウィクシー》」というブランドの認知度なども全然違うのではないでしょうか？

だとするならば、比較した数字には意味がないってことか？

数字自体は事実を教えてくれているので、存在する意味はあります。数字自体ではなく、前提を加味せずにした「評価」は意味がないということです。

5

意外な数字アレルギー克服法「数会話」

数字はいつでも具体的

悔しいけれど、木村は何も言い返すことができません。確かに、これまで惰性で「前年比」「前日比」という数字を会話で使い、それでよい悪いを評価していました。認知度が急上昇してきたブランド「WIXY」にとって、ある意味では前年比はよくて当たり前だということかもしれません。そこまで理解せずに前日の売上額を「伸びている」と評して終わらせてしまう木村には、やはり身につけるべきことがたくさんあると言えます。

実はこの後、黙ってしまった木村に対して智香が驚くべき提案をすることになります。

木村さん、今後しばらくは私との会話には必ず「数字」を入れてください。

（ま～た、わけわからんことを言い出したぞ）はあ、何で？

いいから、どんな会話でも必ず数字を入れること。名付けて「数会話」（ニコッ）。

面倒くさっ！　お断りだ。第一、何で〝上から〟なんだよ。

これ、社長と部長からも了承もらっているんです。業務命令ですよ（ニコッ）。

突然、智香が見せた笑顔に少し戸惑いながら、面倒くささも手伝って木村はしぶしぶ了承します。どうせこんなくだらない約束事、すぐに続かなくなるだろうと思ったのです。

木村はこれから表参道店へ売り場チェックに出かける予定でしたが、ふと智香も連れていくことを思いつきます。「コイツには現場を見せたほうがいい。数学オタクに机上の理論ばかりで会話してもらってはたまらないから」。腹のうちはそんなところです。

ああそうだ、今日これから表参道店に売り場チェックに行くけど、同行して。

数字が入っていませんけど。

あ？

ですから、先ほどの発言に数字が入っていませんけど。

……あのさ、どこに数字を使えと？　到着時刻でも言えばご満足なのかな。

表参道店って、どんなお店ですか？

ん？　そりゃ、いまもっとも売上額が高い店舗だよ。俺のディレクション通りにスタッフも動いてくれているからな。

それ、数字で伝えてください。

……（イラッ）面倒くさいな〜。店舗別売上は前月ナンバー1、ブランド「W-XY」の売上の約20％を占めている、とまあこんなところだ。ご満足？

じゃあ、今日の訪問の目的を数字で教えてください。

……（そんなこと考えてなかったな。え〜と）今月は予算が高めだから、春アウターをしっかり売るような指示することと売り場のつくり方を指導するためだよ。

数字！

あ〜も〜、え〜と……春アウターの売上を3月よりも1・2倍にするため！

わかりました。同行させていただきます（ニコッ）。

ドッと疲れた木村でしたが、同時に何のために店舗に足を運ぶのかを認識させられたことにも気付いていました。1・2倍という数字もとっさに出たものではありましたが、現状から考えるときわめて妥当な目標値であることはたしかです。

数字を使って伝える行為は、伝える前に重要なポイントがあります。数字を使うためには嫌でも具体的に物事を考えることになるということです。つまり、具体性がなく曖昧な状態では数字は絶対に使えないものなのです。智香の狙いはそこにあります。

実は表参道店からオフィスへ戻る途中にもこんな会話が繰り広げられていました。柴崎智香、恐るべしです。

あ～腹減った！　メシ食って戻ろう。

数字が入っていません。

あのさ、ちょっとアタマおかしいんじゃないの!?

数字が入っていません。

……（カチン）。

私もお腹が空きました。満腹の状態を１００とするなら、いまは10ってところです。
予算は８００円くらい、待ち時間はできれば5分以内でお願いします。

……どういう頭の構造してるんだよ。

でも、私がいま、どういう状態で、何を求めているのか、わかっていただけましたよね。
たぶん、小学生でも理解できますよね（ニコッ）。

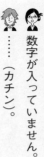

6
Izakaya Talk

デキるビジネスパーソンは「数字」で語る

その日の夜、木村は都内の居酒屋にいました。

隣に座っているのは、縄田千春《なわたちはる》。現在、商社で事務職に従事しています。出会ったのは友人が主催したバーベキューイベント。木村への第一印象は〝どこにでもいるチャラい男〟でしたが、仕事への情熱が人一倍ある意外性に惹かれて付き合い始め、交際歴2年となります。

木村よりも年齢が1つ上ということもあり、木村のグチを聞いてあげることもしばしば。「たまにはこっちも甘えたいんだけどな～」というのが唯一の不満と言えば不満ですが、千春は長女で弟がいることもあり、決して苦ではないようです。

あ～もうマジでムカつく！

どうしたの？　珍しくイライラしているわね。

同じ部署になんかわけわからんヤツが入ってきたんだよね。これがまた面倒くさいオンナでさ。

へぇ、女性なんだ。どんな人なの？

木村はことの詳細を千春にグチり始めました。「うんうん」と千春は相づちを打って話を聴いています。千春はコミュニケーション力が高く、特に聞き上手なタイプです。人の話は聞かずに自分アピールばかりの木村とは、そういう点でも相性がよいのかもしれません。

へぇ、数学科出身の女性なんて珍しいね～。

そう、インテリっぽくてダサくて、ひと言で言うと俺が一番苦手なタイプ。そういえば学生時代から数学なんて大嫌いだったし、何かこう……「こんなこともわからないの？」って空気で接してくるんだよね。〝上から〟っていうかさ。

まあ確かにね。理系で優秀な大学を卒業した人って、頭はいいのかもしれないけれど、何かとっつきにくいところがあるよね。

そうそう、アイツもまさにそう！　ファッションのことなんて何もわかっていないクセに。何でもかんでも〝数字〟って……あ～もうウンザリ。

フラストレーションをひと通り吐き出した木村は、少し気持ちが落ち着いたようです。ビールのおかわりを注文し、メニュー表を楽しそうに眺めています。すると、逆に千春が昨日の職場での出来事を話し始めました。

数字と言えば、いま思い出したんだけどね。昨日、ウチの会社に中国人のお客様がきてね、私も会議に参加することになったのよ。

ふ～ん。

一応、少しは日本語を話せる方だったんだけど、やっぱり会話が厳しくてさ。でもね、要所要所で説明に数字が入っていたからなんとなくは理解できたの。

ふ～ん。

普段は気付かなかったけど、数字って万国共通の言語だったのよね……。国籍がどこであろうと、〝1〟はみんな同じ〝イチ〟として認識するもんね。

いやでもさ、数字だけで会話が成立するわけがないじゃん？

もちろん。でもね、細かいところはサッパリわからなかったけれど、重要なところはなんとなくは理解することができたのよね。なんだか不思議な感覚だったな、あれは。

……。

たとえば、昨日のお客様は取引条件の相談にいらしたんだけど、提示した資料にはこんなことが書いてあったの。もちろん他にもいろいろ書かれてはいたけれど。

２０１８　55％　→　２０１９　60％
２０１８／２０１７　＝１・３４

つまり、条件を5％アップしてほしいって交渉？

そう、この1行だけで何を相談したいのかが一目瞭然だったわ。

次の1・34は何だ？　もしかして、前年比が134％って意味か……？

そう！　私のいる会社との取引額は増えている。だから条件を見直してほしいってことね。

なるほどね。

結局ビジネスってヒト・モノ・カネが動くことじゃない？　それって突き詰めていくと、結構ほとんどのことが数字で表現できるのかもしれない……なんて、まだよくわからないけど。

木村はつい先日、テレビで総理大臣がした所信表明のスピーチをぼんやり眺めていたときのことを思い出していました。

スピーチでは「成長率2％を目標に……」みたいなことを言っており、細かい政策の内容はよくわからなかったけれど、目指すことが何かはすぐに理解できたのです。ふと我に返った木村は、なんだか食事がまずくなるような気がして、話題を週末のデートプランに変えました。

千春と駅で別れた木村は、近くのコンビニに立ち寄り、雑誌コーナーへ向かいます。そこでふと目に入ったビジネス情報誌『週刊プラチナム』のタイトルに、目が留まりました。

経験や勘はもう通用しない！ デキるビジネスパーソンは「数字」で語る

すぐに目を逸らし、その2列隣にある女性向けファッション誌を手に取り、木村は足早にレジに向かうのでした。

第2章

「データに困らない時代」に困っていませんか？

BRIGH STONE

1 気付けばデータだらけの環境

結局、AIってなんだ?

ある朝、木村はいつものようにその駅で満員電車から降りました。オフィスの最寄り駅よりひと駅手前。毎朝そこからひと駅分の距離を歩いてオフィスに出勤しています。およそ20分程度、何も考えずただボーッと歩く。朝がとても苦手な木村には、ちょうど「眠気覚し」の機能も果たしていました。

おはようございます。

突然、声をかけられて木村は驚きました。上下ブラックのパンツスーツにメガネ。相変わらず無表情な智香がそこにいます。

うわ！　なんでここにいるんだよ。オフィスはひと駅先だぜ。

歩くためです。歩いていると、アイデアが浮かぶことがあるもので。

自分とは真逆の理由。木村は「あっそ」とだけ返し、オフィスに向かって歩を進めます。

……。

……。

なんか喋れよ。

……と言いますと？

木村は沈黙が苦手なタイプ。かといって隣にいる智香が楽しく会話ができる相手でもありません。朝から調子が狂った木村に、智香は言われるがまま雑談を仕掛けます。

では、ＡＩについてはどう思われますか？

朝の雑談テーマがそれかよ。

いけませんか？　ビジネスパーソンなら、雑談にちょうどいいテーマかと。

ったく……正直、俺にはよくわからん。要するに機械の話だろ？

……まあ、間違ってはいませんが。

そもそも、ＡＩってなんなの？

シンプルに言えば、計算機です。

智香は歩きながら木村に詳しく説明を始めます。専門用語ばかりで何を言っているのかサッパリ。木村は途中から「へー」と「ふーん」だけ返すようにしていました。

ただ、ちょっとＡＩという言葉が一人歩きしているように思います。

あ？

長期的には、さまざまな技術の発達で便利な世の中になってきていると言えます。

ひと昔前はスマホなんてなかったもんな。

同じように、以前は取得できなかったデータも今は手に入る。おっしゃるように、機械がどんどん人間を手伝ってくれている。たとえばカーナビなどはその典型だし、オンライン書店などでユーザーに合わせて書籍をおすすめする機能などもそうです。

……。

AIもそれと同じことで、皆さんが話題にするほど特別なものではないはずです。

ふーん、ただの優秀な計算機ってことか。

なぜそこまで「数字」を嫌うの？

「赤」の信号で2人が止まります。木村はすぐにスマートフォンを開いてSNSをチェック。一方の智香は無表情でまっすぐ前を見つめているだけ。何か考え事をしているようです。信号が「青」になり、2人は再び歩き始めます。

ってことはよ、これからはなんでもデータに換えられる時代ってことか？

その通りです。極論、ほしいデータがなくて困ることはなくなる時代になるでしょう。

なーんか嫌な感じ。

何が嫌なのですか？

だってそんな世の中になったらさ、仕事でもいろんなデータを見なくちゃいけなくなるじゃん。

智香が足を止めます。木村は3歩ほど歩いたところで気付き、「あれ？」と智香のほうを振り返ります。智香は木村の顔をじっと見つめています。

なぜそこまで「数字」というものに対してネガティブに思っているのですか？

え？

［図2-1］なんでもデータで把握できる時代

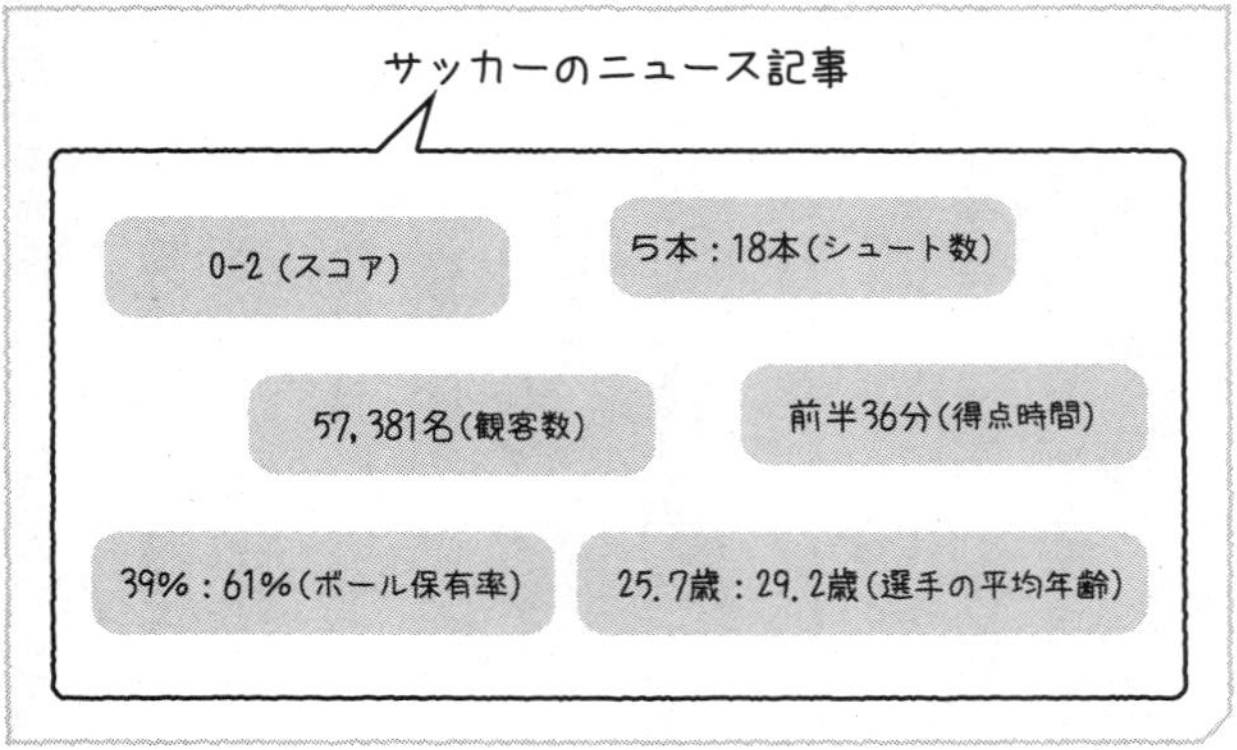

木村さん、先ほどスマートフォンを見ていましたが、何を見ていました？

サッカーに関する記事だけど。昨日の日本代表戦。

たとえばその記事にもたくさんの数字が書かれているはずです。どんな数字が書かれていますか？

はあ？

試合のスコア、得点の時間、会場の収容人数、両チームのボール保有率……。

……。

数字って、そんなに特別なものではないはずです。にもかかわらず、ビジネスになると数字に対して苦手意識や拒否反応を示す人がたくさんいます。

前職でさまざまな企業に対してコンサルティングをしてきた智香。その経験から、木村のようなタイプのビジネスパーソンがどうすれば数字を使って仕事をするようになるか、実はすでに熟知していました。

なんでって言われてもわかんねーよ。感覚的に、嫌なんだよ。

いえ、感覚的ではなく論理的な理由があります。

あ？

溺れてしまうからです。数字に。

2 データの海で溺れていないか

「どうしたらいいかわからない」症候群

溺れる？　俺の聞き間違いじゃないよな。

ええ。

さっぱりわかんないな。

智香を挑発するかのように鼻で笑った木村。もちろんわざとです。再び2人はオフィスに向かって歩き始めます。

ブライトストーン社のようなアパレルのビジネスにおいてもたくさんのデータが存在します。たとえば売上高とか、アイテム数とか、平均単価とか。

それで？

今の時代、そしてこれからの時代、データはいくらでも手に入ります。いわば、私たちはデータの海の中にいるということです。

データの海？　データばっかりの世界ってことか？

コクリと頷く智香。データがなくて困ることはない時代の到来。これは、ビジネスパーソンはデータの海の中で生きていくことを意味する。智香はそう言いたいのです。

木村さんももうデータの海の中にいる人です。データは海水のように、いくらでもあります。さあ、どうしますか？

はあ？　どうしますかと言われても……。

……。

そんなのどうしていいかわかんねーし。

智香が待っていた言葉が木村の口から出てきました。眉間にシワを寄せて智香の顔を見る木村。2人の目にオフィスが見えてきました。早くこの会話を終わらせて、コーヒーを飲みたい。木村はそう思いながら歩を進めます。

それです。

それ？　どれ？

あまりに水が多すぎて、どうすればいいかわからない。これが現代のビジネスパーソンが持っている、数字に対する苦手意識の主たる理由なのです。

……。

私はこれを〝どうしたらいいかわからない症候群〟と呼んでいます。

症候群って……まるで医者みたいな言い方だな。

呆れる木村。しかし、智香の話には理解できる部分もありました。確かに膨大なデータを見せられても、いったいどうしていいかわからない。それを煩わしいと感じることが何度もあったからです。

水を捨てる発想を持つ

ではどうすればデータの海で溺れずに済むと思いますか。

知らねーよそんなの。

たとえば子供が家の庭で遊ぶような小さな人工のプールを想像してください。海とプール、溺れずに済むのはどちらでしょうか。

なんの話？

いいから。

そりゃプールだろう。溺れたくても溺れようがない。

それが答えです。

木村はハッとしました。海やプールはたとえであること。そして「当たり前だけど重要なこと」を智香が話していることに少しずつ気付き始めていたのです。

水が少なければ、溺れることもない。同じように、扱うデータが少なければ、何をしていいか混乱することもない。

うーん、そうかな？

たとえば英単語は100万語以上あるそうです。木村さんが受験生だとして、その100万語をすべて覚えようとしますか？

いや、絶対ムリ。っていうか、そんなに覚える必要ないんじゃねーか？

ではどうしますか？

受験に必要な単語だけ知ってりゃいいだろ。どれくらいか知らないけど。

大学受験で必要な単語は6000から7000といわれています。

じゃあそれだけ知ってりゃ……。

そう言いかけて木村ははっと気がつきました。この会話は、先ほどの海とプールの違いと同じことだと。

……なるほど。そういうことが言いたいのか。でもよ、さっきの話だとこれからますますデータがたくさん取得できる時代になるんだろ。ますます海が大きくなるってことだ。

ええ。

海は大きくなる一方なのに、仕事では小さいプールが必要ってことになるぞ。どうするんだよ。

その通りです。そして木村の疑問も当然のこと。現代の、そしてこれからの時代のビジネスパーソンが必ず直面する問題。智香の〝指導〟はここからが本題です。

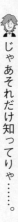

簡単です。水を捨てる。それだけです。

捨てるって言っても、どれを捨ててどれを残すのか、わかんないじゃんか。

２人はオフィスの前に到着しました。智香はこのままオフィスに向かうのではなく、隣にあるカフェに入ることを提案してきます。まるでコーヒーを飲みたい木村の気持ちを見透かしているかのように。

3 データを扱う前にすること

目的を決めれば捨てられる

コーヒーを片手に2人はカフェの中で「続き」を始めます。朝8時30分。始業まではまだ30分ほどあります。

今から質問をしていきます。木村さんはシンプルにそれに答えていく。

朝っぱらから本当に面倒くさい奴だな。

ではいきます。いま会社で保有しているデータをできるだけ挙げてみてください。

そりゃ店舗の売上とかアイテム別の販売データとか……。

他には？

顧客のデータとか。ほら、年齢とかさ。

他には？

智香はメモ用紙を取り出し、木村の答えをスラスラと書き込んでいきます。

他には……うーん、なんだろ？

ではとりあえずここまでにしましょう。次の質問です。売上データは捨てても大丈夫でしょうか？　仕事に支障はありませんか？

いやダメだよ。ないと困る。

なぜでしょうか？

どの店舗が稼ぎ頭か、どの店舗が優秀か。あるいは目標達成できそうかどうかとか、判断できないじゃん。

目的があるから、そのデータは捨てずに残さないといけないということですね。

同じ質問を続けていく智香。木村も少しずつ智香のメッセージを掴んでいきます。目的があるなら残す。ないなら捨てる。智香はそう言いたいのです。

ではたとえば5年前の顧客データはどうですか？

5年前……まああっても困らないものだと思うけど、正直どう使っていいかわからないかもな。

私もそう考えます。営業やマーケティングを目的とするなら、現時点の顧客データは必須です。でも、5年前のデータははっきり申し上げて不要かと。

あっそう。

営業やマーケティングは現在、そして未来のためにする仕事です。加えてファッションは流行に左右されるビジネス。あっという間にトレンドも変わっていくことでしょう。5年も前のデータを用いる合理性がありません。

理屈っぽいなぁほんと。ただ後半の意見はその通り。

[図2-2] 残すデータと捨てるデータ

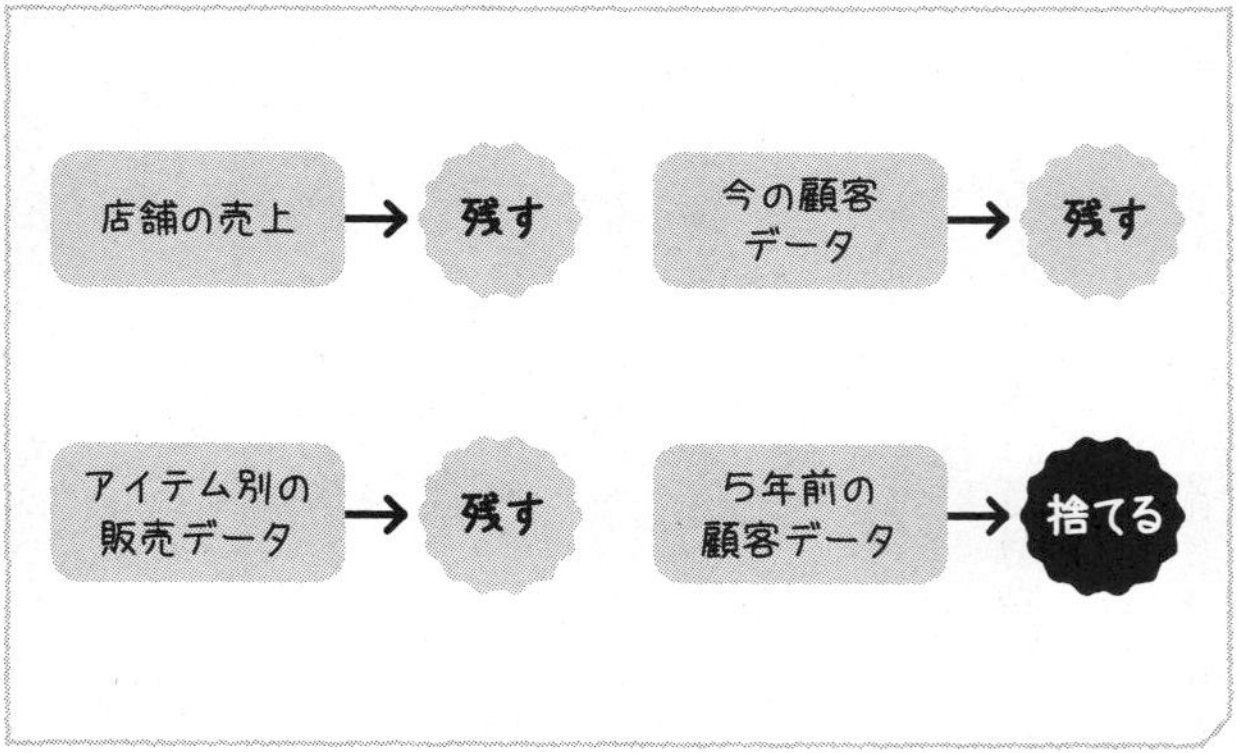

木村はコーヒーを飲みながら苦笑いします。智香はまだひと口も手をつけていません。

つまりこういうことか。データを捨てるか捨てないかは、扱う目的があるかないかで決めると？

その通りです。

目的ねぇ。

先ほどの英単語の話と同じです。受験が目的と定義できれば、必要とする単語とそうでない単語を分けることができる。つまり、残すものと捨てるものが決められます。

データで溢れる時代だからこそ、そこが大事だって言いたいわけだな。

木村は再びコーヒーをすすりながら、ここまでの会話を振り返ります。物の言い方や態度は気に入らないけれど、言っていることは正しいようにも思えます。いままで知らなかったこと、知っていたけれど避けてきたことをズバリ指摘されているような気がして、コーヒーがあまり美味しく感じられません。

データを触る前の「面倒くさい」が鍵を握る

まあ、言っていることはわかるけど……なんっていうかさ。

？

なんかさ、そういうの面倒くさいんだよね。〝ちゃんと考える〟的なやつ。

智香のような数字やロジックで仕事を進めることが得意な人物にとっては、正直この木村のいう「面倒くさい」がよくわかりません。一方で、かつてのコンサルティングの経験からこのような感覚を持つビジネスパーソンが多いことも知っていました。

なるほど。面倒くさいですか。

バカにしてるんだろ？

いえ、やはりと思っているだけです。

はあ？

智香はようやくコーヒーをひと口すすります。明らかに不機嫌な木村。智香はもう少しだけ対話を続けたほうがいいと判断しました。

私の実体験ですが、前職でコンサルティングをしていたときのことです。社内のデータをうまく扱えていない企業の会議に参加しました。言い換えれば、データの海で溺れている会社です。

……。

その会議には膨大な紙の資料が配布され、中身は細かいデータが書かれているものばかり。とりあえずデータを出しているだけでした。そしてその会議中、誰もその資料をしっかり読み込んだりしない。

なんか、うちの会社にもありそうな話だな。

なぜそうしたことが起こるのか。そんな膨大なデータを細部までいちいち読むのは誰だってストレスであり、自分の時間を奪われている気持ちになるからです。

まるで自分のことを言われているようで、木村は引き込まれます。気付けば、話の続きが聞きたいと思っていました。智香は表情を変えずに淡々と続けます。

そこで後日、私はこの会社の主要メンバーを集めてミーティングを開催しました。目的はこの会社を運営していくにあたり、捨てるデータと残すデータを決めることでした。

もしかしてそれが……。

はい、先ほど私と木村さんとでしたあの会話です。

そっか。

目的もなく、ただなんとなく出すデータはすべて捨てることで一致。以降、この会社の会議は資料がスリムになり、読むことが面倒ではなくなります。加えて議論も散漫にならず本質的なものばかりになりました。

……。

当然です。必要なもの。使う目的がある数字だけで資料が構成され、議論が展開されるのですから。

データに溺れることはないと。

コクリと頷き、智香はメモ用紙にスラスラと何かを書き込んでいきます。矢印を使ったその対比は、これまでの2人の対話を整理するものです。

「目的を考える」が面倒くさい

↓

データの海の中で仕事をしないといけない

↓

溺れる

↓

とりあえず出された読めない資料・本質から外れた空論・いつまでも結論が出ない

↓

成果が出ない

「目的を考える」をやっておく

↓

小さなプールの中で仕事ができる

←溺れない
←誰もが読める資料・本質的な議論・結論が出せる
←成果が出る

4 把握・評価・予測

営業部メンバー集結！

木村はそのメモにじっと目を落とします。確かに最初の「面倒くさい」をサボってしまったり、スタートの仕方を間違えたりすると、その後にどんなに頑張っても成果が出ない。これはビジネスに限らず何にでも言えることかもしれません。

そのとき、カフェの入り口から奈々が入ってきました。

あれ木村さん、おはようございま～す。あら、柴崎さんも。

店内に響き渡るほど大きな声。木村は「おー」と言いながら手で応え、智香は軽い会釈で応じます。

こんなところで何やっているんですか？

朝の優雅なコーヒータイムだよ。

木村はそう言ってチラリと智香を見やります。無表情。イヤミであることがちゃんと伝わっているのか、その表情からはうかがえません。

すると次の瞬間、近藤もカフェの中に入ってきました。大きなあくび。3人の存在に気付き、頭の上下だけで軽い挨拶を済ませます。結局、4人が1つのテーブルを囲む状態になりました。

みんなでモーニングコーヒーなんて、珍しいパターンですね～。

初めてじゃないでしょうか。

ところで柴崎、まだ話は続くのかよ。

はい。まだ大切なことをお伝えしていません。

露骨に顔をしかめる木村。その様子を見た奈々と近藤は、この2人がどんな会話をしてきたのかを察しました。思いがけず、カフェの中で営業部メンバーによる「プチ勉強会」が始まります。

仕事でデータを扱う際、その前にしなければならないことがあります。必要なデータが何かを定義することです。

そのためにはデータを使う目的をはっきりさせる。そうすれば必要なデータがどれかを決めることができる。結果、不要なデータを収集したり、こねくり回す必要がない。そうだよな。

ええ。

木村さんすご〜い。超デキるビジネスパーソンみたい♪

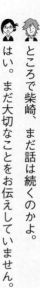

〝みたい〟ってなんだよ。

近藤が下を向いて笑いをこらえています。

ではその目的とはいったい何か。ビジネスでは大きく3つあります。

目的は3つしかない

3つ？　なんだよ。

「把握・評価・予測」。この3つです。

奈々はそのフレーズを頭の中で反芻し、近藤は無言で智香の言葉を待っています。2人の様子を見ながら、智香は説明を続けます。

まず事実を把握することを目的とするとき。あるいは良いか悪いかなどを評価するとき。または未来の予測をするとき。これら3つの目的です。

ぜーんぜんピンとこないけどな。

たとえば先ほど木村さんは店舗ごとの売上高というデータは我々の仕事に必要だと言いました。

ああ。

改めて、その理由は？

どの店舗が稼ぎ頭か、どの店舗が優秀か。あるいは目標達成できそうかどうかとか、そのデータがないと判断できないから。

その答えがすべてです。

はあ？

話を聞いていた近藤が「そうか」と呟きました。3人の視線が近藤に集まります。

※データを扱う目的
・把握する（どの店舗が稼ぎ頭か？）
・評価する（どの店舗が優秀か？）
・予測する（どの店舗が目標達成できそうか？）

あ、あの、多分こういうことですよね。

近藤さん、どうぞ。

どの店舗が稼ぎ頭か、というのは要するにどの店が高い売上をあげる店なのかを把握するということです。だから、事実の把握。

そっか。それにどの店舗が優秀かは確かに数字の伸びを見て評価することよね。

ええ。あるいは月末に売上がいくらで着地するかを知りたいときも数字が必要です。
つまり予測。

思わず木村も「なるほど」と呟きます。きわめてシンプルな整理ですが、数字を使う目的は突き詰めていくとこの3つのどれかになっているのです。

もう少し続けましょう。先ほど木村さんは会社が保有しているデータの1つに顧客の年齢もあるとおっしゃいました。

ああ。

このデータは私たち営業部に必要でしょうか？　捨ててもいいデータでしょうか。

このデータを使う目的は……なんだろ？

3人がじっと考え込みます。智香はチラリと時計を見ました。始業時間が近づいています。そろそろまとめに入ろうと会話を進めます。

顧客データの保有は「予測」が目的

まずは把握からいきましょう。顧客の年齢というデータそのものは単なる事実です。その事実だけを把握していることに意味はありますか？

うーん、ないと思います。

ボクもそう思います。たとえば平均年齢28歳という数字があっても、「それで？」ってなります。

評価もちょっと目的にならない気がするな。その平均年齢28歳が高いとか低いとか評価することに、俺たちの仕事のメリットは何もないだろ。

一同が頷きます。最後に智香が私見を述べます。

しかし予測はどうでしょうか。顧客の年齢がわかっていれば、その世代の感性や嗜好がわかります。そうすれば店舗でのお客様への接客においても、その相手の世代を見て先手を打てます。

確かにこの年齢層にはこういう接客をすれば購買率がちょっと上がるはず、みたいな予測ができるわけか。

世代別の傾向を掴むことで、最適な接客のアプローチや世代別にダイレクトメールの訴求内容を考え、実際やってみて購売率がどうなるかを予測する。これが年齢というデータを扱う目的であり、捨てずに残す理由です。

その〝ちょっと〟は10％アップ、とかですかね？

え？

数会話ですよ、木村さん♡

メンバーがクスクス笑っています。それにつられて、智香の表情も少しだけ緩みました。

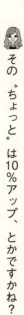

5 AIがすること・人間がすること

AIがやってくれないの？

ところで1つ質問がある。

なんでしょう。

柴崎の言うように、データを捨てることが大事だってことはまあ理解した。

それで？

でさ、そういう仕事もAIってやつがやってくれたりしないかね？

木村は奈々と近藤に、そもそもこのミーティングの出発点はおよそ1時間ほど前の「ＡＩについての雑談」だったことを説明します。

 へ～。そうだったんですね。

 確かに世の中もなんとなく〝ＡＩがなんでもできちゃう〟みたいな論調ですよね。

 やっていただけるのであれば、優秀なＡＩさんにそこまでやっていただくほうがいいのではと。

呆れる智香の視線を気にすることもなく、木村はニヤニヤしています。智香は冷めたコーヒーをひと口すすり、木村の問いに答えます。

 先ほども言いましたが、ＡＩとは簡単に言えば計算機です。指示された通り、正確に動作し、きわめて高度な処理能力を持つ計算機。

 だから、その優秀な機械に……。

でも、計算機にすぎません。

？

智香はいったいなにを伝えたいのか。他の2人もここは黙って聞こうと、口を挟もうとはしません。

たとえば、〝Xという目的で扱うデータを選別してください〟と指示をすれば、AIはあっという間に答えを教えてくれるかもしれません。

それでいいじゃないか。

でも、そのXという目的をつくるのは人間では？

全員がハッとしました。智香が続けます。

X：インプット（目的：顧客分析することで販売スタッフの接客を改善させたい）

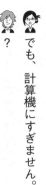

←優秀な機械
Y：アウトプット（そのために必要なデータはこれだけです）

AIスピーカーは人間ではない

たとえば人が話しかけると、それに応えて話してくれるスピーカーがありますよね。

かわいいですよね、あの子。

そうかぁ？

かわいいじゃないですか、「こんにちは」って言ってくれるときとか。

当たり前ですが、あのAIスピーカーは人間ではありません。あくまで機械であり、こういうときはこういう言葉を言う、こういうときはこう動くといった具合にプログラミングされているだけです。

X：インプット（人間が言葉を話しかける）
←優秀な機械
Y：アウトプット（最適な言葉を選んで言葉を返す）

確かにあのスピーカー自体が考えて判断しているわけではありません。あくまで人間が指示をし、それに対して高度な技術で答えを出しているだけです。

それと同じように、どんな時代になろうと、データを触る前にまず目的を考えるという仕事は永遠に人間の仕事なのでしょう。ＡＩといった優秀な計算機の仕事はその後に存在するのです。

そっか……。

申し訳ありませんが、営業部の皆さんを見ていると、人間がしなきゃいけない仕事をサボっているように見えます。

なんだって⁉

マイルドな言い方ができない性分なのでご容赦ください。データで溢れる時代だからこそ、そのデータを触る人間が、データを触る前にしなければならない仕事があります。でも皆さんはまだそれをしていないと思います。このままでは、データの海で溺れるだけです。

……。

営業部は会社の顔であり、中心です。その営業部が溺れるということは、会社全体が溺れることを意味します。

「営業部として捨てるデータと残すデータを決めよう会議」（？）

３人は智香の強い主張に沈黙してしまいました。木村はこの腹立たしい気分をどこにぶつけたらいいかわからず、気を紛らわせるためにコーヒーカップを手にします。最後のひと口。すっかり冷めたそのコーヒーは、先ほどよりもまずく感じます。

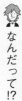

そこで皆さんに提案です。

？

さっそく明日の朝にでも、皆さんでやってみませんか。

何を？

いま私たちが保有しているデータを洗い出します。そして、それぞれに使う目的を決めていきます。「把握する、評価する、予測する」のいずれの目的にも役立たないデータは思い切って捨てます。

捨てるってどういうことですか？

おそらく会議の資料とかミーティングで使わないようにするってことかと。

その通りです。

ふうとひとつ息をつく木村。奈々と近藤が彼の表情をうかがいます。営業部リーダーの答えを待つ3人。リーダーとして、仕事をしなければならない瞬間です。

わかったよ。やればいいんだろ。

ではそういうことで。

あの、時間はどうしましょう？

場所はどうします？　意外と今日みたいにカフェとかもアリですよね。

こうして明日の朝、改めてミーティングの場を設けることにしました。「営業部として捨てるデータと残すデータを決めよう会議」という木村が即席でつけたネーミングは、センスがないと奈々から一蹴されました。

第3章

あなたは正しくデータを読んでいますか？

BRIGHTSTONE

1 この数字だけでは何もわかりません

マーケティングに必要な数字とは

「営業部として捨てるデータと残すデータを決めよう会議」から1週間後。その日は通常の定例会議とは別に、営業部員が集まるミーティングが予定されていました。議題は、表参道店と新宿店のマーケティング分析です。

「WIXY《ウィクシー》」新宿店の立地はとてもよく、店の前の通行量も多くて、実際に入店者数も全国10店舗の中でもっとも多いというデータがあります。にもかかわらず、1年前のオープン以来、数字があまり伸びていませんでした。

［図3-1］ 近藤の配付した資料から抜粋

3月の販売実績

店舗名	売上	総客数	購入枚数（平均）	購入商品単価（平均）
表参道	¥10,000,000	300人	2.2枚	¥15,000
新宿	¥5,600,000	400人	1.4枚	¥10,000

さ～て、始めようか。この会議の目的は表参道店と新宿店の分析です。片方の数字を見て個別に分析しても何も見えてこないだろうから、2店舗を比較することで議論を始めようと思う。あれ？ 今日は資料が少ないような……。

はい。この議題に必要なものだけに絞って資料にしました。だよな近藤？

はい。正確な売上は皆さん個別にご確認いただければいいので、この資料は概算でつくりました。また、総客数は同一のお客様が2回ご利用いただいた場合は2としてカウントしています。

しっかしまあ、表参道店と新宿店って

のは地理的には近くても全然違うもんだな。

相変わらず新宿店のほうが平均購入枚数も平均商品単価も低いですね～。

まあここまではっきり数字で出ている以上、この両方を上げていく策を具体的に考えないといけないぞ。奈々ちゃんだったらどうする？

そうですね～、新宿店だけのセット販売とかキャンペーンとか。「1万5000円以上お買い上げでノベルティをプレゼント♪」みたいな。

ん～。ベタだけどまあ手堅い方法だな。女性は限定品とかプレゼントに弱いからね。

そうですかね？　という近藤の視線に木村はまったく気が付きません。そのとき、これまで口を閉ざしていた智香が木村に質問を切り出します。

木村さん、質問があります。

（はいはい、始まりましたね）はいよ！　何でもどうぞ。

このデータでわかることって何でしょうか？

ん? 新宿店のほうが客数は多いけれど、お金を使ってくれないからトータルの売上額は表参道に負けているってことだろ?

木村さん、数字を使って説明してください。

あのさ、まだそのキャンペーン終わらないの?

いいから、数字を使って説明してください。

イライラしながらも、木村は言われた通りに数字を使った説明を考え始めます。文句は言いつつも、数字を無理やり使うことの有用さを少しだけ感じ始めているようです。ただ、その時間がもったいないと感じた部長の福島が突然話を始めました。

私の考えを言うね。この数字から推測するに、新宿店は1万円を中心とする価格帯の商品が売れており、表参道店に比べて高額または複数枚の買い物をするお客様が少ない。つまり顧客ロイヤリティが低い。逆に表参道店は客数は少ないものの、売れている商品の単価や購入枚数は大きく、お客様の質が高い。よって現状の課題は新宿店の顧客の質を高め、客単価を上げること。おっと、数字を使えていないな。

あはは。

そう、俺も部長の考えとまったく同じ。一言で言うと新宿店は〝ファン〟がまだ少ないのさ。もっと「WIXY」の魅力をお客様にアピールしようぜ。

確かに、まだオープンして1年ですからね。

じゃあ、やっぱり「1万5000円以上お買い上げでノベルティをプレゼントキャンペーン♪」とか!?

いいね！ イベント、キャンペーン、どんどんやろう！

ダメですね。

「平均」だけでは何もわからない

一瞬にして会議室の空気が凍りつき、全員の視線が智香に注がれます。木村は疑問に思っていました。なぜこの数学オンナはいちいちケチをつけるのだろうかと。木村は自身の性格もありますが、仕事においては「ノリ」を大切にしてきました。

すべて緻密に考えていたら、とても仕事なんて前に進めることはできないと考えており、それは部長の福島とも共通した思想です。よいと思ったらとりあえずやってみる。トライ&エラー。そんなカルチャーで彼らはこれまで仕事をしてきました。

実際、そんな福島の口癖は「最後は自分の直感を信じて動け！」だったりします。

何がダメなんだよ。

すべてです。

（カチン）おい……全否定か？　ちゃんと説明しろよ。

少し時間がかかるかもしれませんが、よろしいでしょうか。

丁寧な物言いが逆に木村を腹立たせていることに勘のいい智香は気付いていましたが、そんなことはまったくお構いなしです。

しかし、このあと智香から部員にする話の内容は、かつてコンサルティング会社に入社したとき、「こんな簡単な数字も読み取れないのか」「キミは平均すら正しく解釈できないのか」と上司から最初に厳しく指摘されたことでした。

そんな懐かしい体験を一瞬だけ思い出し、智香は話を続けます。

このデータだけで何がわかりますか？

新宿店の総客数は表参道のおよそ130％、平均単価は……えっと、逆に70％くらいかな。だから、表参道店に近い売上にするためには、単価や枚数を増やす施策が必要。以上！

あら、数字をちゃんと使ってくれましたね（ニコッ）。

フン。じゃあ逆に聞くが柴崎の答えは？　このデータでわかることってヤツ。

その質問を待っていたかのように、智香は笑顔のままこう答えました。

これだけでは、何もわかりません（ニコッ）。

2 平均値は計算できるのに、平均の意味を知らない

平均の本当の意味とは？

会議室にいる全員が、キョトンと智香を見つめています。誰もが予想していなかった返答だったからです。「それ、笑いながら言うことか？」と木村は心の中で思っていましたが、どこかでその続きを早く聞きたいという気持ちにもなっていました。

そして、それは他の3人もまったく同じです。

どういうことだよ、それ。

木村さん、平均って何かわかっていますか？

俺の質問を無視するな。というか、バカにしているのか？　一応ちゃんと義務教育は受けたぞ。

ではうかがいます。平均って何ですか？

そんなの決まっている。複数のデータのちょうど真ん中あたりに位置する数値を計算したもの。平均身長とか結婚する平均年齢とかまさにそうだろ。

……。

だから表参道店は１万５０００円前後の商品がよく売れるし、新宿店はそれが１万円前後だってこと。

そこが違います。

そのとき、「あ！」と気付いた者が1人。部長の福島です。福島は、なぜこんな簡単なことを見落として私見を述べてしまったのだろうと自分を悔いていました。そんな心情もあり、福島は2人の会話を遮り、ゆっくりホワイトボードに向かって歩き始めます。

柴崎さん、OK。私もうっかり見落としていたよ。いやはや、お恥ずかしい。

はい、僕も見落としていました。

冷静になれば当たり前のことなんですけどね〜。

ななな、何だよ!? みんな、柴崎の言っていることがわかるのか?

ははは、私が説明するよ。簡単なことだ。

福島は、キャラに似合わず美しいフォルムの3つの図をマーカーで描いてみせました。

これ、15名が5点満点のテストを受けた結果のデータだとしよう。じゃあ木村、A組の15人の平均点はいくつだ?

えっと……(電卓を一生懸命叩いて)3点ですね。

じゃあ、B組のデータの平均点は?

えっと……(電卓を一生懸命叩く)これも3点。

じゃあ、C組のデータの平均点は?

[図3-2]　15名が5点満点のテストを受けた結果

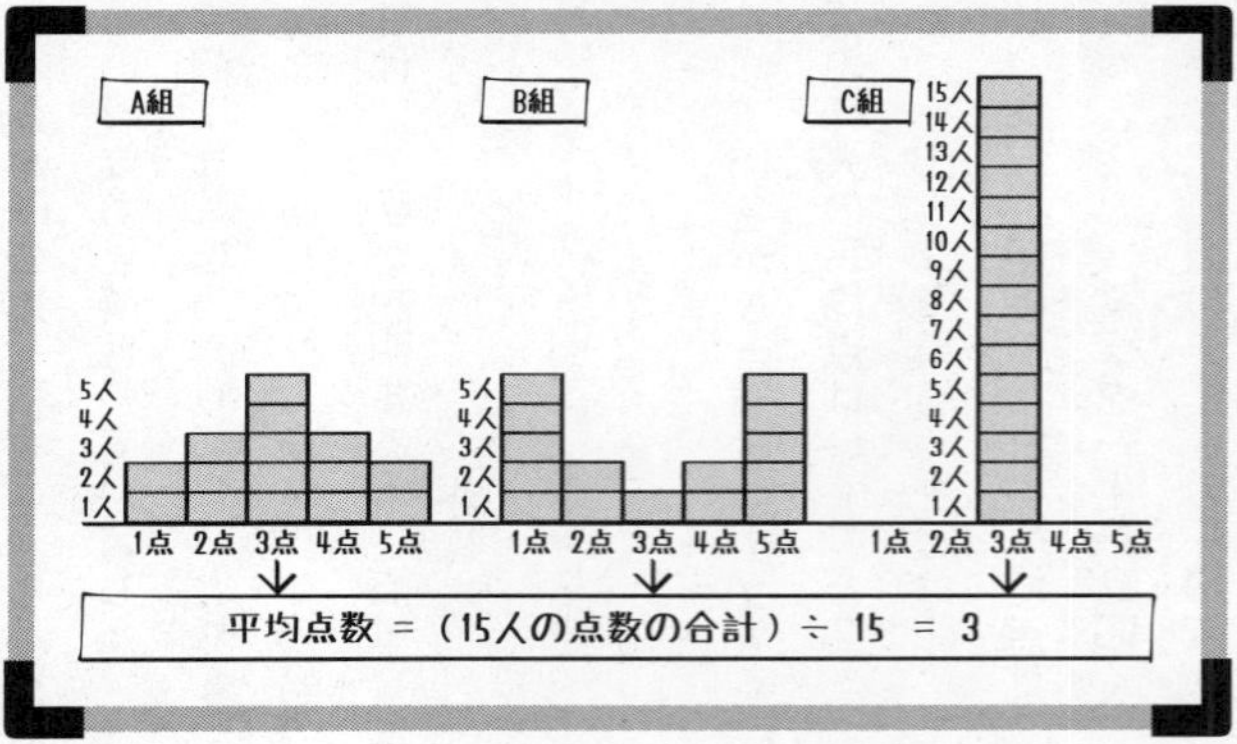

……まあ、どう見ても3点ですよね。

私たちは無意識にA組の図をイメージしてしまったということだ。

……？

平均商品単価が1万円という数字を見て、新宿店のお客様の購入した商品単価はその前後が多いと決めつけ、表参道店も同様に1万5000円前後の単価が多いと決めつけた。しかし、本当にそうだろうか？　新宿店で購入される商品の平均単価を上げればよいという意思決定は疑わねばならないということだ。そうだよね、柴崎さん。

はい、そうです。

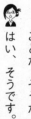

なんか腑に落ちないな。だって、さっき俺が言った平均身長とかはどうなんだ？　調査すればきっと平均身長の人間が一番多いはずだぞ。

はい、その通りです。

じゃあ、同じ平均値なのだから今回の件も、実態はあの左側のグラフのようになっているんじゃないのか？

そこが違います。

あ～！　わけわからん!!

木村は混乱してしまいました。しかし、このように「平均値を計算できることが平均を理解していること」と勘違いするケースは決して珍しくありません。知識としては持っていても、それが実際のビジネスシーンで正しく解釈されていないのです。

今回のケースも実際のデータを見るほうが木村の理解も早そうです。

平均値だけで分析しても無意味

近藤さんが出してくれたデータの元データを集計しました。いま、お配りした資料のグラフをご覧ください。商品単価と購入枚数を分けて考えるメリットはこの分析においては薄いので、1回あたりの購入金額という指標で整理しました。売上総額は客数と平均購入金額の掛け算としてシンプルに考えることができますから。社内での分析用ですし、大まかな傾向がわかれば十分なので数字も細かい端数は除いています。

> 売上総額＝すべてのお客様の購入金額の合計＝客数×平均購入金額

柴崎さん、いつの間にこんなデータをとっていたんですか〜。

[図3-3]　購入金額と客数の関係

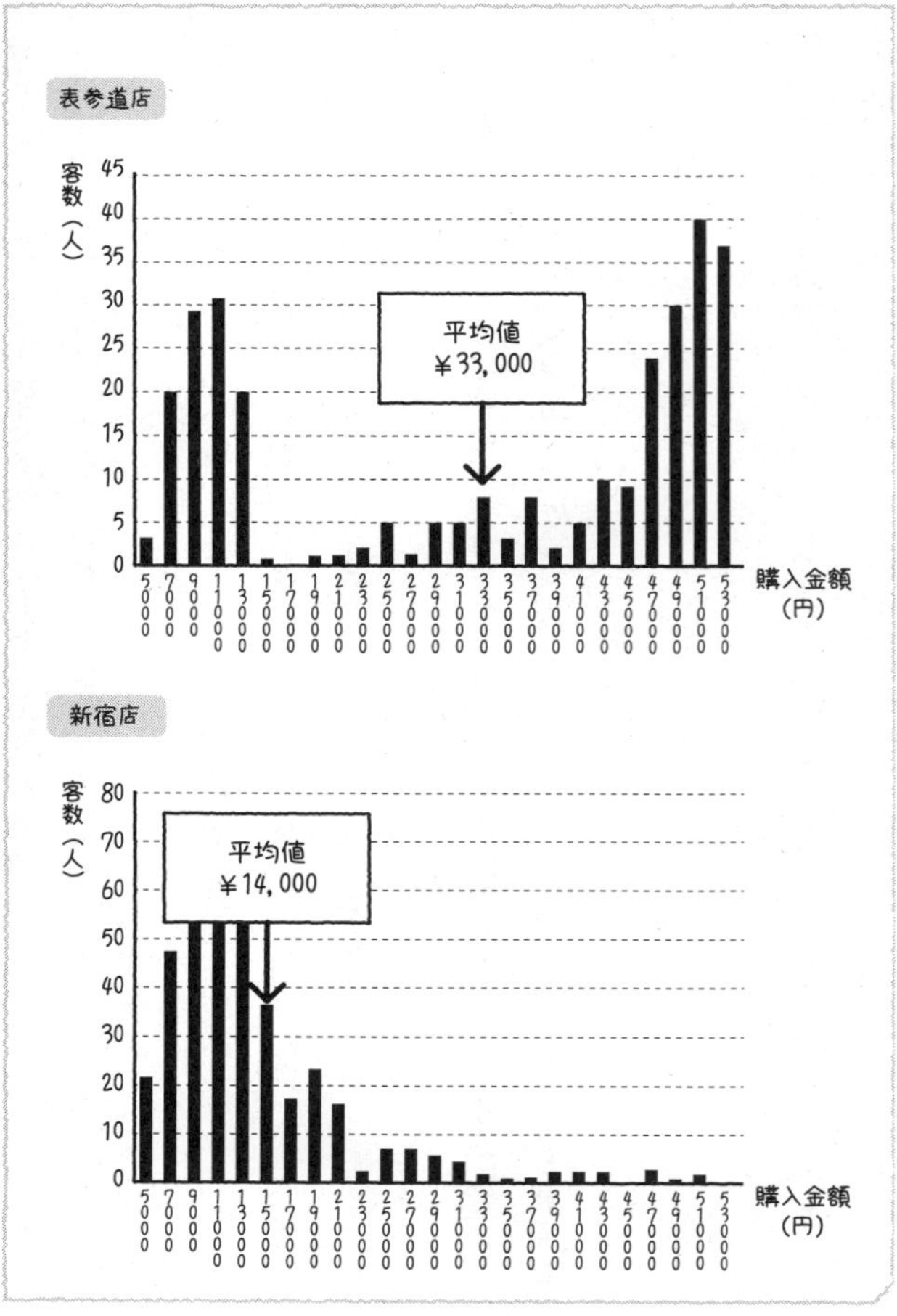

近藤さんから元データの所在を教えてもらって。

すみません、本来なら僕がやらないといけませんでした。

真面目な近藤の言葉に少し心が緩む智香ですが、この程度の数字を店舗スタッフや、まして本社の営業部が把握できていないことは驚きでした。勢いと新規性だけで事業が伸びていると、どうしてもこういう類いの仕事は疎かになってしまいます。

ご覧いただければもう説明の必要はありませんね。近藤さんが出した平均商品単価や平均購入枚数はもちろん、この平均購入金額という〝数値〟だけ見せられても、私たちは何も把握できていないと言っても過言ではありません。最低限ここまで突っ込んで平均値の「姿」を確認しないといけません。

ようやく木村は智香の言っていることを理解します。平均値だけで何かを判断することはとても危険であるということを、木村はいま、初めて腹落ちしたのでした。

3 バラツキを調べるという発想を持つ

バラツキは標準偏差でわかる！

さらに智香は話を続けます。少しだけ自分自身が興奮していることに本人も気付いていました。なぜなら、ビジネスパーソンに必要な数学的感覚を身につけるために、この話はとても大切なポイントになるからです。

皆さんご理解いただけているように、平均値が意味を持たないわけではありません。でも、それだけで何かを判断することはきわめて危険だということです。

じゃあ聞くけど、それならそもそも平均値なんて算出する意味がないってことにな

らないか？ それに、毎回こんなきれいなグラフをつくらないと真実が見えてこないってこと？ 面倒くさくてとてもじゃないが俺はやってられないけど。

木村さんはホントひねくれていますね。

あ？（カチン）

でも、とてもよい質問です。

確かに、データ量がある程度になると、いちいちこのような分析を手作業で行うのは少々骨が折れます。グラフにすれば一目瞭然であることは間違いありませんが、すぐに、そして簡単に「平均値だけの分析」から卒業できる方法があればあり難いものです。

標準偏差《ひょうじゅんへんさ》を使います。

ショウジュン……レンシャ？（昇順……連射？）

奈々が必死に笑いをこらえています。「標準偏差」とは数学で登場する専門用語です。

いったい何を意味するものなのか、智香が説明を始めます。

平均を基準にしたとき、データ全体にどれくらい〝バラツキ〟があるのかを示す指標です。専門用語を使うと一気に難しく感じるかもしれませんので、言葉を換えましょう。そうですね……〝バラツキ数〟とでもしましょうか。

すご〜い、柴崎さんって先生みたい！

学生時代、何かの授業で言葉を聞いた記憶はあるな。その時はまったく耳に入っていなかったけれど。せっかくの機会だ、柴崎先生、頼むよ。

先ほど部長が描いた3つのデータがわかりやすいので、これはそのまま使わせていただきます。A、B、C組のテスト結果の図（図3—2）ですね。

平均との差でバラツキを数値化

智香はマーカーを手に、ホワイトボードの前に立ちました。その姿は、まさに先生です。

先ほどの会話の通り、この3つの図はどれも15人のデータで、点数の平均は3点でした。その3点という平均点からどのくらい散らばって分布しているのかを数値化するためにはどう考えればよいのでしょうか？

各データが平均である3点より何点多いか、または少ないかを計算する？

はい、その通りです。やってみましょう。

智香はスラスラとA組の図に数字を書き込んでいきます。その方法はこうです。まず、「1点」は平均点から2点少ない点数ですから「−2」、「2点」は平均点から1点少ないので、「−1」、以下同様にしていくと図3―4のような数値が登場します。

では、どうすれば平均を基準にしたときのデータのバラツキを数値化できますか？

もしかして、その〝平均との差〟を15個全部足せばいいのかしら？　そうすれば全データのバラツキがひとつの数字で表現できる……かな？

[図3-4]　バラツキを数値化する

A組

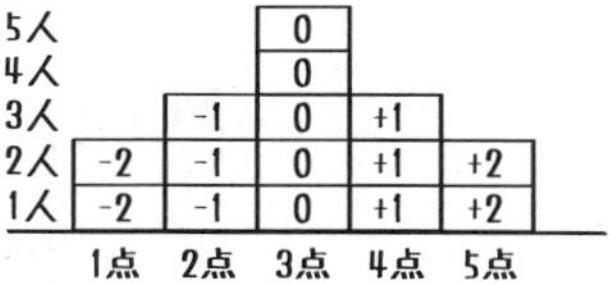

15名全員の得点	1	1	2	2	2	3	3	3	3	3	4	4	4	5	5	合計45
平均との差	-2	-2	-1	-1	-1	0	0	0	0	0	1	1	1	2	2	?

島田さん、ではやってみてください。

これ全部足し算すると……あれ？　0になっちゃう！

そうですね。実はどんな分布であっても、全部足し算すると0になってしまいます。なぜだと思いますか？

簡単です。その15個のデータを全部足すのは、平均値を15個足し（3×15＝45）、そこから15名全員の得点の合計（45）を引くことと同じですから。

4 大丈夫、関数を使えば済みます

+1と−1の違いは?

近藤の説明はパーフェクトでした。周囲を見ても、木村を含め全員がここまでは理解できています。しかし、木村がここで当然の疑問を口にします。でもそれは、(本人は気付いていませんが)自ら少しずつ「バラツキ数」の本質に近付こうとしているのです。

そうか。でも待てよ、どんなケースでこの足し算をしても結果が0だとすると、この〝バラツキ数〟は常に0ってことに。こんなのやっぱり意味がないじゃないか!

確かに〜! それじゃバラツキの大きさが数値で表せませんよね。

理系オタクにありがちなパターンだよ。理論だけは立派だけど、それは実際のビジネスの現場ではほとんど使えないってことさ。

なぜか木村は上機嫌です。しかし、実は本題はここからです。

木村さん、+1と−1の違いって何だと思いますか？

はあ？　プラスとマイナスの違いだけだろ。

その通りです。ということは裏を返せば、0からの差はどちらも同じ1だということです。

そうか！　思い出した！

なんすか部長、急に大声出して。

いや〜、やっぱり数学の授業、ちゃんと聞いていたのかもしれん。思い出したぞ。

要するに+1も−1も同じ意味合いになるように操作すればいいってことだね。

つまり……？

[図3-5] 平均との差を2乗してバラツキを数値化

A組

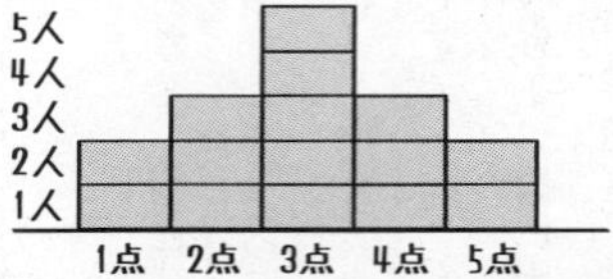

15名全員の得点	1	1	2	2	2	3	3	3	3	3	4	4	4	5	5	合計 45
平均との差	-2	-2	-1	-1	-1	0	0	0	0	0	1	1	1	2	2	0
平均との差を2乗	4	4	1	1	1	0	0	0	0	0	1	1	1	4	4	22

22÷15≒1.47

2乗してから全部足し算して、最後にそれをデータの個数で割る!

その通りです（ニコッ）。

智香は振り返り、ホワイトボードに数字を書き加えます。メンバーはそれが終わるのをじっと待っています。いつの間にか、智香の「授業」に全員が引き込まれていました。

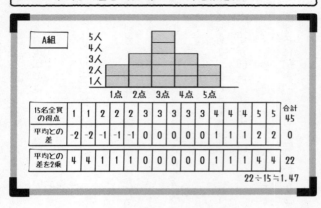

書き終えた智香が全員と目線を合わせ、ゆっくりと説明を始めます。

こうしてプラスとマイナスの違いを無にするために2乗の計算をして算出した15個の数字、これも各データが平均値からどのくらい離れているかを数値化したものです。こうしてから足し算し、最後にデータの個数で割ることでこのデータ全体のバラツキ具合が数値化できます。このケースではおよそ1・47となります。最後に割り算するのはバラツキの大小を均一にした数値をとるという意味合いです。近藤さん、そのノートパソコンを使ってBとCについても同じように計算してみてください。

わかりました。

メンバーの視線が近藤のノートパソコンに集まります。

見ての通り、Aの釣鐘型の図のほうがBの図よりも数値が低い。つまり平均値を基準にしたときのバラツキが小さいという解釈になります。一方、Bの図はバラツキが大きいという解釈です。このようにグラフをつくらなくとも、この数字で大まかにバラツキの大小を捉えることができるのです。

……何となく理解はできた気がする。でも、何でC組のケースでは0になるんだ?

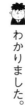

[図3-6] 平均点が同じ3つのデータのバラツキ数

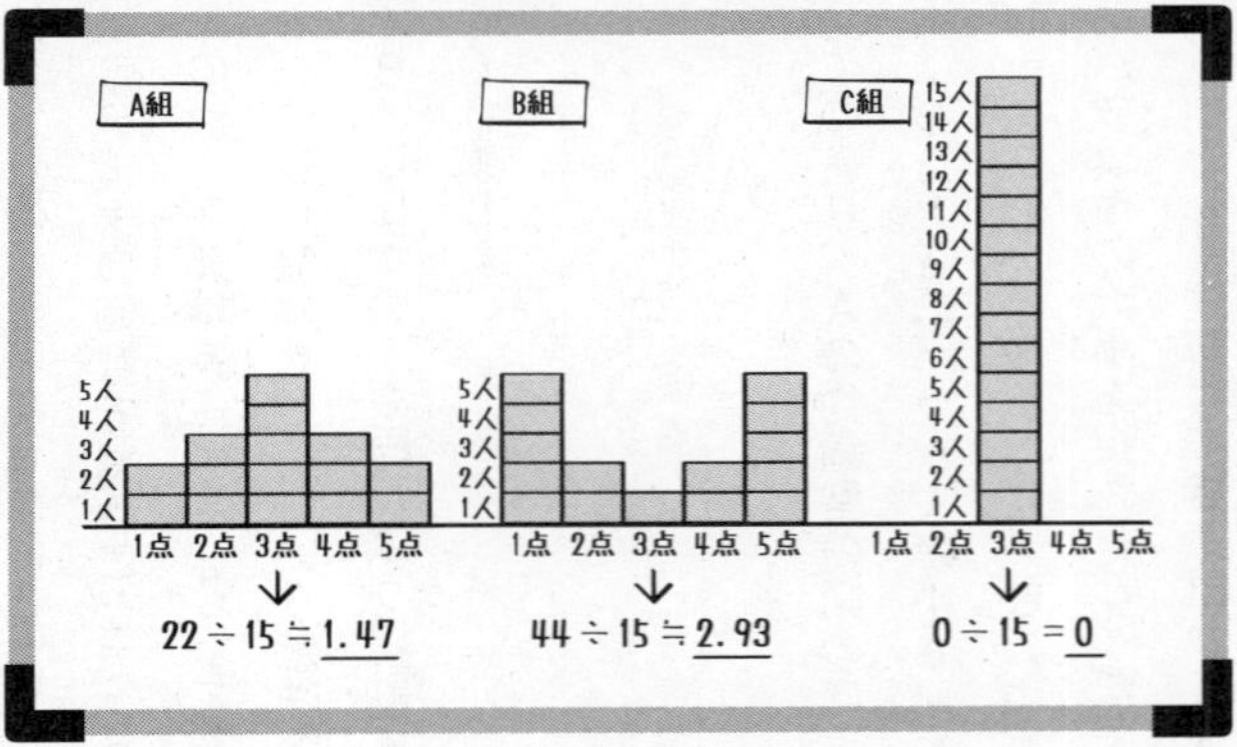

バラツキがないことの証明だな。全員が3点、平均も3点だったら、3−3=0が15個できるってことだから。

あ、そうか。

本来は次にこの数値の平方根《ルート》を計算します。数学ではそれを標準偏差、つまり"バラツキ数"と定義しています。

何でルートの計算をするんですか？

バラツキを数値化するために、つまり+1と−1を同じ意味にするために、元のデータを私たちは勝手に2乗しました。だから、元のデータと単位を合わせるためにルートを計算して元に戻すのです。先ほどのA組の場合は $\sqrt{1.47} \fallingdotseq 1.2$

という数値が正確な〝バラツキ数〟になります。

ルート……俺は中学時代、そこからギブアップだったな。あのさ、理屈はわかったよ。でも、こんな計算を毎回エクセルや電卓で手作業するのはしんどいね。結局、ビジネスシーンでは使えないってオチだぞこれじゃ。何か専門の分析ソフトとかあるのか？

標準偏差はエクセルで計算

言い方はさておき、木村の指摘はとてもいいポイントを突いています。理屈としては有用なデータが得られるとしても、日々忙しいビジネスパーソンがすぐに手に入る情報でなければ実際に使えるものにはなりません。

これは、ここにいるメンバー全員が智香に尋ねたい質問でもありました。

関数がありますから大丈夫です。

微分積分ってやつか？　悪いがお断りだ。

違います。エクセルの関数機能です。誰でも簡単にできますから。

あ、そう。

せっかくだからやってみましょう。

智香は近藤のノートパソコンを借り、慣れた手つきでエクセル操作をしています。エクセル関数は「ＳＴＤＥＶＰ」という関数を使い、バラツキを調べたいエクセルファイル内のデータを指定すれば一発で算出できます。

う、確かに簡単だ。およそ１・２という数字が出てきた。

元データさえあれば、あとは関数で標準偏差、つまり、〝バラツキ数〟は算出できます。これを表参道店と新宿店のデータに応用すれば、どんな結果が出てきますか？

表参道店のほうが新宿店よりも〝バラツキ数〟が大きく出る。

そうです。ということは新宿店よりも表参道店のほうが平均購入単価に対するバラ

[図3-7] エクセル上での標準偏差の求め方

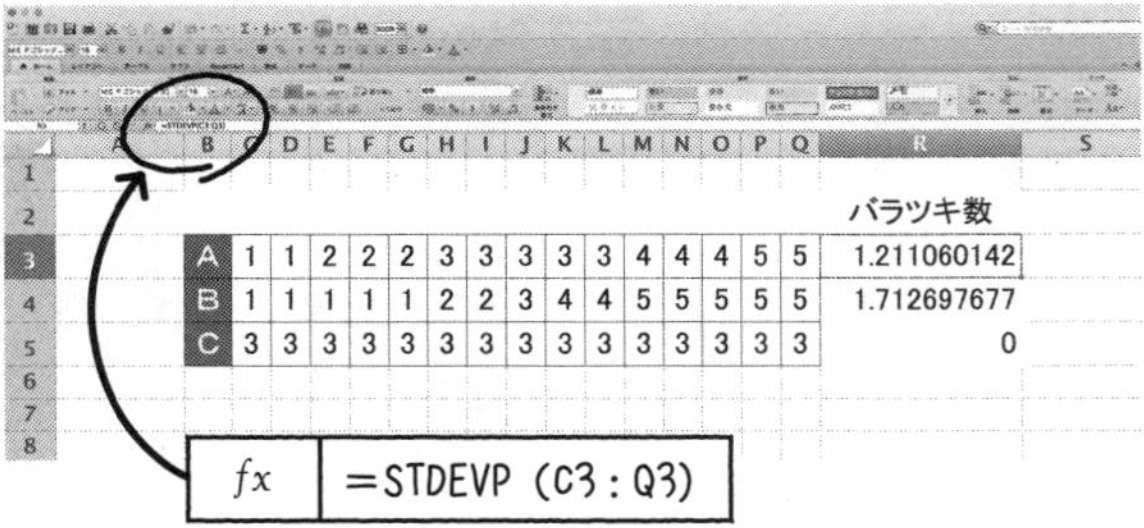

ツキ具合が大きくなっており、それはつまり表参道店のお客様の購入単価が平均値である3万3000円前後が多いという解釈が……。

疑わしいってすぐにわかるのか。

はい、全データを細かく見なくても。

5 裏を返すと、新しい解釈が生まれる

バラツキ数から見えること

ああ〜。何かドッと疲れたな〜。まったく。

では、本題に戻りましょうか。

??

メンバーは一瞬考えてしまいましたが、すぐに「ああ、そうか」と気付きます。そうです、この会議の主題は〝バラツキ数〟を学ぶことではありませんでした。表参道店と新宿

店のマーケティング分析です。

私がざっとエクセルで〝バラツキ数〟を計算したところ、表参道店はおよそ18000、新宿店はおよそ8000です。つまり表参道店は新宿店に比べると購入金額にかなりバラツキが見られます。一方で、新宿店はバラツキが少ない、つまり平均である1万4000円に近い購入単価のお客様が比較的多い。木村さん、これから推察できることは何でしょうか?

推察? だから、やっぱり表参道店のほうがよいお客様が多いってことだろ。

0点。それでは最初の議論に戻ってしまいます。

0点……っておい! まったく、こんな先生には教えてもらいたくないぜ。

……。

(今度は無視かよ) だって高額の買い物をしているお客様が多いことは事実だろ。

その通りです。

だったらそう解釈するしかないだろ!?

裏を返してください。

はい？

裏を返すんです。

すると、黙って2人の会話をずっと聞いていた福島が恐る恐る手を挙げました。福島も完全に智香の「生徒」と化しています。

柴崎さん、こういうことかな？　木村の言う通り、高額の買い物をしていただけるよいお客様は表参道店のほうが圧倒的に多い。しかし、それは裏を返すと、そのお客様がもし離れてしまった場合、売上に対するインパクトがとても大きい。あ、数字で説明できていないけれど。

その通りです。表参道店の上位顧客は明らかにファッション感度も高く、かけるお金も高額です。それだけ見る目も厳しい。そして、あの界隈はさまざまなブランドのショップが軒を連ね、そのショップ自体も入れ替わりが激しい。そうですよね、木村さん？

……まあそうだな。

つまり、表参道店の上位顧客は、浮気をしようと思えばいくらでもできる人たちってことになりませんか？

……！

「裏」を捉えて仮説を立てる

近藤や奈々も徐々に智香が言いたいことが理解できてきました。

そして、「購入金額が高いお客様＝よいお客様」と勝手にポジティブなイメージを持っていた2人にとってもその視点は目から鱗でした。

一方、新宿店はお客様の分布が平均購入単価の近くに集まっています。これは、お客様たちのファッション感度やお金のかけ方が似ているということです。

つまり、新宿店は一部の高額な買い物をする顧客への依存度が低いと？

はい、そして、新宿店のように顧客層が近いということは、提案するアイテムや価格帯などが絞りやすいし、策も練りやすい。

それはつまり、客離れというリスクが低い店だってことでもあるわけだね。

そうです。今回の〝バラツキ数〟と私がつくったグラフの２つを使えば、このような仮説が成り立ちます。表参道店のマーケティング課題は上顧客離れのリスクヘッジ。一方の新宿店は客層をもう少し深く分析し、その客層をもっと新規顧客として集める。この２つを最優先事項として業務を進めるべき。以上です。

会議室はシーンと静まり返っています。

現時点では売上額は倍近い差がある2店舗ですが、今後のリスクという点では表参道店のほうがはるかに大きいのです。いままで誰もその点には目を向けていませんでした。近藤や奈々がチラリと木村の表情をうかがっています。木村は福島の表情をうかがいますが、福島は「さて、どうする？」と言わんばかりの視線を木村に向けています。「なぜ

［図3-8］ 数字を捉えて裏を読み取る

		バラツキ数	
		小	大
平均購入金額	小	新宿店（安い買い物をするお客様ばかり）	
	大		表参道店（高額のお買い物をするお客様が多い）

↓ 裏を考えると

		バラツキ数	
		小	大
平均購入金額	小	新宿店（顧客層を絞って店舗運営ができる）	
	大		表参道店（上位顧客が離れるとインパクトが大きい）

俺？　部長なんだから頼むよまったく」と木村は心の中で呆れるのでした。

……まあそれでいいんじゃないかな。

はい、では具体策をいまから練りましょうか。

ちょっと待った！　キリがいいからここで休憩しよう。あ〜、コーヒーが飲みたい。

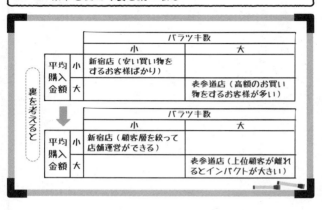

6

「読む」＝「Read」ではない

データを読み解けるビジネスパーソンの時代

休憩時間、近藤と奈々はいったんデスクに戻ったようです。

会議室には智香と福島の２人だけが残されていました。智香の入社による昨今の「騒動」は福島にとってはまったくの想定外でした。これまで数社でマネジメント経験のある福島ですが、これほど個性の強い女性部下は初めてです。しかし、智香の経験は自分にはないものと割り切り、教えてもらえるものは教えてもらう、逆に自分ができるアドバイスはもちろんしていく、そんなスタンスで智香と接していこうと決めていました。

柴崎さん、木村のことはどう思っているの？

どう、と言いますと？

少しチャラチャラしたところもあるが、彼も28歳のビジネスパーソンだ。客観的に見てどうだろう。

このままですと、30歳を超えてから苦労すると思います。

ほう、それはなぜだい？

今年でちょうど40歳になった福島にとっても、興味深いものでした。

若いときはいいんですよね。仕事は与えられるし、何でもチャレンジできるし、失敗イコール糧《かて》として片付けられます。でも、30歳を過ぎると人を管理し、会社の数字を意識し、重要な意思決定を自分でする立場になるはずです。

……。

ノリや直感といったものだけで仕事をされたのでは、部下はたまったものではありません。

なるほどね、確かにその通りだ。私も反省しなければならないね。何せ私の口癖は、「最後は自分の直感を信じて動け！」だからね。ははは……。

福島の乾いた笑いには反応せず、智香は話題を変えます。先日の「営業部として捨てるデータと残すデータを決めよう会議」の内容を共有。膨大なデータから、必要なものを選定していくことが〝人間の仕事〟であることを説明します。

なるほどね。今日の会議の資料を見て、「あれ？」と思ったんだ。

でもまだそれだけではダメなんです。その必要なデータから、何が言えるのかを読み解く作業です。

読み解く。さっきみんなでやったあの作業だよね。

コクリと頷く智香。福島は黙って話の続きを待ちます。

これからはデータを読み解けるビジネスパーソンの時代です。読むとは英語ではＲｅａｄですが、ビジネスにおいて数字を読むとは、Ｔｈｉｎｋのことです。

そのデータから何が言えるかを考える、ってことだよね。確かにウチのメンバーはそれができていなかった。私も含めて。

福島はそう言いながら苦笑いを浮かべました。無表情な智香がほんのすこしだけ微笑んだように見えます。

データを使うのはあくまでも「人間」

少し私の話を聞いていただけますか？

ああ、どうぞ。

5年も前のことです。ある中小企業の社長さんがこういう発言をしたんです。「これからはビッグデータの時代だ！　多少高額だとしても、大量のデータを分析できるツールを導入し、マーケティングや営業に役立てるべき。これからは情報を制した者が勝つ時代だ！」と。どう思われますか？

ビッグデータって言葉、すごく流行ったよね。まあ、その通りじゃないかな。

でもこの社長さん、先ほど話題に出た〝平均〟や〝バラツキ数〟のこと、まったく理解していなかったんですよね。

……。

福島にはなんとなく智香の言いたいことがわかりました。分析ツールと聞くと、生身の人間では見つけることのできない事実を見つけてくれる「魔法の道具」だと思い込んでしまうビジネスパーソンは意外に多いようです。誰もが期待するテーマだからこそ、その期待が大きい分だけ、イメージだけが独り歩きしているのです。

イチロー選手が使っているバットとまったく同じものを、バッティングセンターで空振りばかりの素人に買い与えても、決して打てるようにはなりません。

面白いたとえをするね。でも、確かにその通りかもしれん。

どんなに道具が優れていようと、魔法なんてかけられません。どんなに統計解析ツールがすごいものだとしても、そのツールが現場の仕事までやってくれるわけではないんです。

ああ、その通りだ。

最後に仕事を実際に進めるのは生身の人間です。だからこそ、まずは生身の人間が統計学の理論や優れたツールが教えてくれる数字を正しく読み取り、扱い、時には都合のいいように操れるようになっておかなければならないんです。

データの海で溺れてしまう時代だからこそ、かな。

はい、その通りです（ニコッ）。

会議室の扉のそばで、２人の会話を聞いている木村の姿がありました。もちろん盗み聞きではなく、なんとなく部屋に入りにくかったからです。木村にとって、ＡＩやビッグデー夕云々の話は興味があるものではありません。智香の言動には腹が立つし、うまくやっていこうなんて気持ちも正直ありません。

しかし、「イチロー選手が使っているバットとまったく同じもの……」というこの言葉だけは、木村の心に深く突き刺さっていました。学生時代、木村は野球部だったからです。

智香からの
ワンポイントアドバイス①

本章で登場する**バラツキ数（標準偏差）**はあくまで「ざっくり目安として」使うと理解してください（実はもう少し専門知識を使って数学的に深掘りしていくと、威力を発揮する局面もあるのですが、本書ではここまでにします)。

実際、エクセルでバラツキ数を計算したとして、「バラツキ数が1000です」と単体の数字だけ見ても、そこから何か予測値を算出したり、今回登場した新宿店タイプか表参道店タイプかを把握することはできませんよね。

今回の２つの店舗のように比較対象があり、あくまで「ざっくり目安として」という前提で使うというのが正しい理解です。

社運をかけるようなプロジェクトや、緻密な分析を要する仕事でなければ、この程度の「ざっくり感」で分析をサッと行い、仮説を立て、日々の仕事を素早く前に進めることが大切です。

分析そのものが仕事ではなく、**仕事を進めるための分析**であることを忘れてはいけません。

第4章

意思決定に数字を使う本当の理由を知っていますか？

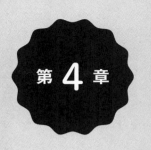

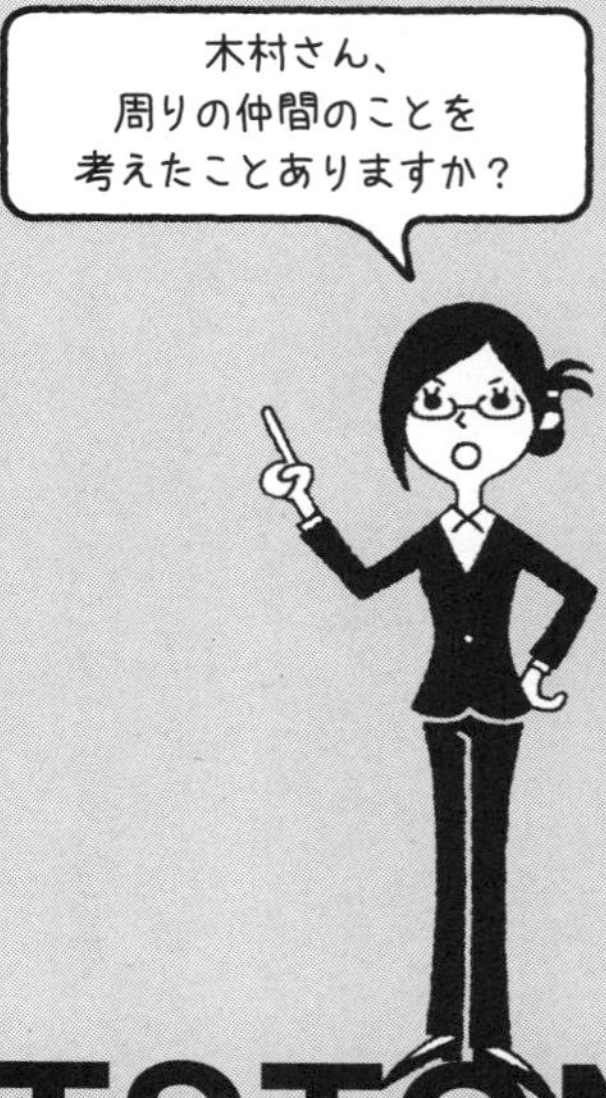
木村さん、
周りの仲間のことを
考えたことありますか？

1 「予測」と「予想」は違います

販売戦略を決めるのは「感性」？

昨年のクリスマスイブの夜に社長の佐野と2人で話をしたとき、「ファッション業界はギャンブル性の高いビジネスなんだよね」と言っていたことを智香は思い出していました。

確かに、ある週末の天候が晴れと雨では、その月の売上額へのインパクトが相当違うし、ショップスタッフの着こなしや店頭の空気感で、意外なものが想定外に売れてしまい、店頭在庫が切れて機会損失をしてしまうなんてこともザラです。

まあ、だからこそ、数字とロジックを武器にできるか否かが生命線なんだけどね。

佐野のニヤニヤした顔を少しだけ思い出し、智香は会議室へと向かいます。

今日は3カ月に一度の全社営業会議。本社の営業部門はもちろん、全国10店舗の店長が一堂に会し、1年後のコレクションや販売戦略について議論を重ねる重要な会議です。「WIXY《ウィクシー》」はレディースブランドということもあり、店長は全員女性。服装も（当然ながら）ファッションモデルのようなオシャレな着こなしばかりです。

久しぶりに会う店長同士で、キャッキャ言いながら互いの服装を褒め合うシーンは毎度おなじみの光景となっています。そんな中で、上下黒のパンツスーツに白のブラウス、黒のパンプスという智香スタイル（?）はよくも悪くも〝浮いて〟いるのでした。

はい、では定刻になったので始めます。毎回言っているように、このメンバーが一堂に会する機会はとても貴重です。それぞれの店舗の各論ではなく、ブランド全体の大きな方向性や戦略を決めていく場なので間違えないように。あ、それからみんなに紹介しよう。

スッと立ち上がり、挨拶する智香を10人の女性店長たちが上から下までなめまわすように見ています。ちょうど木村に初めて会ったときに彼がした「品定め」するような視線です。智香の口から「何か？（イラッ）」という言葉がいまにも出そうでしたが、ここはグッとこらえて飲み込み、おとなしく座ることにしました。

じゃあ始めるぞ～。今日の主題は来期の春夏コレクションの注力アイテムであるドット柄ブラウスのセット提案。要は何を一緒に売っていくかを会社として決めるってことね。店舗運営はもちろん、ＰＲや生産管理にも大きく影響するテーマなので時間をかけて話し合いたいと思う。

昨年は花柄のブラウスがかなり動いたよな。

はい、でも消費者の間に飽きがきているし、来年は他ブランドやファッション誌などもドット柄を推していくような情報を掴んでいます。ドット柄ブラウスが注目されることはほぼ間違いないっすね。

問題は、それに食いついたお客様が他に何を買ってくれそうかってことだな。

奈々ちゃん、今年の傾向はどう？

はい、先ほど各ショップの店長の皆さんとも話していたんですが、ドット柄ブラウスは堅調に動いており、セットでの購入はデニムか無地のパンツが多いようです。

何名かの女性店長からも同様の意見が出ました。注力商品はドット柄ブラウス、つまり「トップス」なので、一緒に提案していくのは当然「ボトムス」であり、上下でうるさくならないよう合わせやすいものがよいだろうという結論です。

うん、ファッション的にはまったく遊びがないのはつまらないけれど、提案のセオリーとしてはそうだろうね。まあ俺の予想では、来期はショートパンツあたりがいいかもしれないね。

確かにいいかも。カッチリ系が好きじゃない人にも提案していきたいですしね！

そうそう！

さっすが木村さん、勉強になります。

おいおい奈々ちゃん、褒めすぎるなよ（ニヤニヤ）。

それは「予想」ですか？　それとも「予測」ですか？

ビジネスはギャンブルではない

智香の突然の冷たいトーンに、一同の視線が智香に集まります。「またか」という木村の心理が、営業部のメンバーだけには手に取るようにわかりました。

もう一度言ってくれるかな。

それは「予想」ですか？　それとも「予測」ですか？

ショートパンツの件のこと？　さっきそのまま言ったけれど、俺の〝予想〟だよ。この仕事をもう6年やっているからね。そもそも、予想と予測って同じことだろ。

いいえ、違います。というか、まったく違います。

……!?（カチン）

予想とは物事の成り行きや結果について前もって見当をつけること。一方、予測とは将来の出来事や状態を前もって推し量ること。違いがおわかりでしょうか。

いいえ、まったく。そんな理屈っぽい話、どうでもよくないか？

この一連のやりとりで智香のキャラクターを瞬時に把握した店長たちは、黙ってこのまま観察するほうが賢明だと察したようです。びっくりしつつも、興味津々といった様子です。智香はこの2つの言葉を使ってホワイトボードに次のような表を描きました。

なぜ競馬は予想と言うのか。それは、文字通り〝想う〟ことで見当をつけるからです。一方、ビジネスでの売上などの数値分析はなぜ予測と言うのか。それは、文字通り〝測る〟ことで見当をつけるからです。そして、測るために使うのは、人間の勘ではなく、数字で表現できる規則性です。

また屁理屈。センセイ、珍しく国語の授業ですか？　そんな言葉の定義はいまの議

[図4-1]　予想と予測はどう違うの？

予想	想（おもう）	勘	ギャンブル
予測	測（はかる）	規則性	ビジネス

論の本質から外れている。もうそこまでにしてくれ。

そうはいきません。部長、それから皆さん、少しだけお時間いただいてもよろしいでしょうか。

智香の圧倒的な存在感（威圧感？）に、誰もNOとは言えない空気になっていました。そんな空気を察してか、福島が無言のままOKサインを表情でつくったのでした。

2 当たる可能性が高いのはどちら？

「想う」と「測る」の違い

智香は、さらに2つの図をさっとホワイトボードに描きます。他の参加者には申し訳ないと思いつつ、「予想」と「予測」の違いを根本的なところから木村に理解させるためです。

何だこりゃ？

たとえば、誰かにこの絵を見せて好きなところを1点見つめさせるとします。図Aのグラフは真っ白、図Bのグラフは矢印入りとします。相手がどこを見つめるか当てるゲームをしたとき、当たる可能性が高いのはどちらでしょう。

[図4-2] 好きなところを1点見つめてください

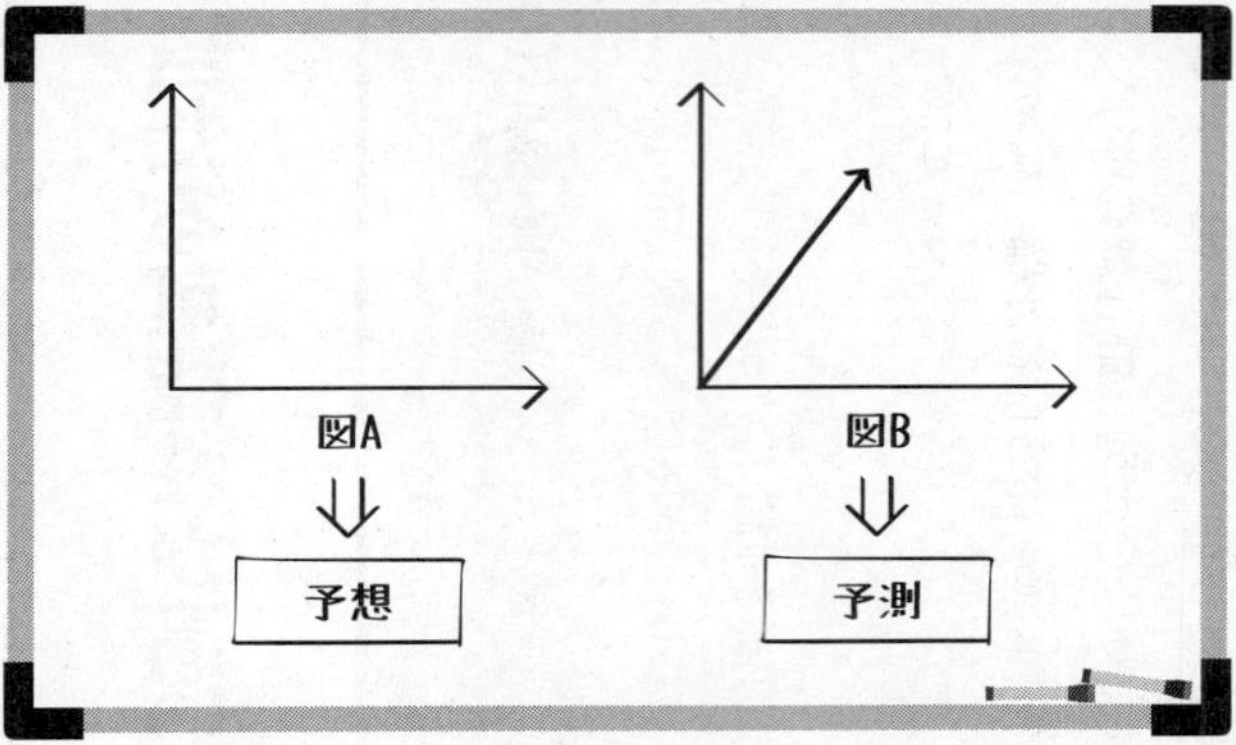

……そりゃ矢印のある図Bのほうだろ。

その通りです。実際、このゲームをして統計をとればそれは実証されるでしょう。

こんな当たり前の話に何の意味があるんだよ。さっさと会議を再開しようぜ。

大切なのはここからです。

……。

図Aは勘を頼りにただ〝想った〟結果です。つまり予想。一方、図Bは矢印という規則性を使って〝測った〟結果。つまり予測です。

……。

木村さんはいま、言いましたよね?

「当たる可能性が高いのは予測だ」と。

……。

先ほどのショートパンツという結論は、測った結果ですか？　想った結果ですか？

測った結果なら、この矢印にあたるものは何ですか？

会議室は静まり返ったままです。感心している場合ではないけれど、すっかり聞き入ってしまったのは部長の福島でした。ここまで論理的に、なおかつ根拠のある説明で指摘されてしまうと、ファッションセンス抜群で業界のキャリアが圧倒的な木村であっても反論できないでしょう。

しかし、木村にもプライドがあります。じっと考え込んだ末に、智香に反撃を始めます。

やっぱり俺にはただの屁理屈にしか聞こえないね。だって、俺はいままでこのやり方で〝当てて〟きたんだ。仮に俺が〝予想〟しかできなかったとしても、結果を出してきた。ビジネスは結果がすべてだ。別に文句はないだろ。

［図4-3］ 当たる可能性が高いのはどちら？

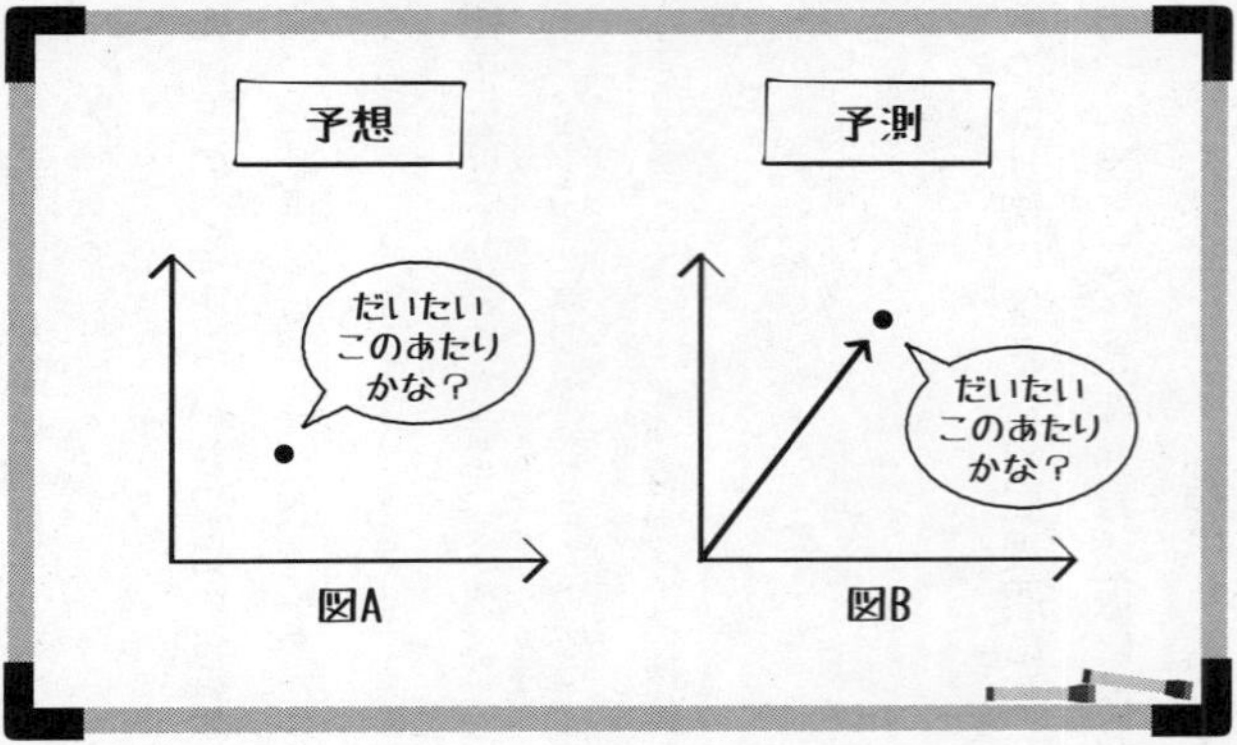

木村の主張に頷く女性店長もいます。木村がここまでこのブランドのセールスを引っ張ってきたことは事実です。ゆえにショップスタッフからの信頼もとても厚いのでしょう。しかし、彼にはある視点が決定的に抜けています。それを智香は、この機会を使ってどうしても指摘したいのです。

いまの木村さんの発言は90％正しいです。確かに、ビジネスは結果がすべてだと私も思います。でも、1つだけ抜け落ちている視点があります。

いったい何だよ。

〝続かない〟ということです。

は？　だから何がだっての!?

木村さんの予想が今後も当たり続けるなんてことは、あり得ないということです。

それは、決してケンカ口調ではなく、諭すように優しく発せられた言葉だと木村は感じました。一方で、信頼してくれる店長たちの視線も気になります。もはや引き下がることはできないという子供のようなプライドが、「まあ確かにそうだ」という言葉を飲み込ませます。

何でそんなことが言い切れるんだよ？

なぜなら、もしそうだとしたら……。

……？

もしそうだとしたら、こんな会議やる必要ないということになりませんか？

いったん躊躇《ちゅうちょ》した後で発せられた智香のその言葉を聞いて、再び会議室に静寂が戻りました。さすがにこの言葉は木村にも効きました。

参加者全員の「ちょっと、この会議どうなっちゃうの?」という無言の叫びを察した福島が、会議の進行を元に戻そうと智香に対してある提案をします。

さすが柴崎さん。ホントに理路整然とした考え方だね。勉強になるよ。

感心している場合ではないと思いますが……。

（グサッ）あはは、確かにそうだね。ところで今回はドット柄ブラウスとあわせて提案していくアイテムの議論だ。〝予測〟をするならば、どんな手法が考えられるのかね？　たぶんここにいる全員がぜひとも知りたいテーマだと思うよ。

はい、もちろんあります。

さすがだね。ぜひとも教えてほしいな。なあ、木村？

フンッ。

ではもう少しだけお時間をいただきます。

3 相関係数のチカラを借りよう

相関係数で仮説を立てる

智香は事前に用意していた1枚の資料を参加者全員に配付します。先日のバラツキ数の「社内勉強会」のときと同様、すでにこの展開を見越して資料を用意してきていたのです。

結論から申し上げますと、「相関係数」を使います。

ソウカンケイスウ？　なんだそりゃ？

近藤さんにデータの所在を教えてもらい、「W－XY」というブランドができてから、いままでの販売状況を簡単にまとめてみました。

ありがとう。説明してください。

はい、お手元の資料は過去のデータから、「W－XY」のドット柄ブラウスの販売数が伸びたとすると、同時に伸びる可能性が高いアイテムがどれかを数値化したものです。

え？　数値化？

一同がざわつきます。そんな分析ができたらいいなという会話は、これまでも会議の中でありましたが、それを実際に数値化するなんてことは株式会社ブライトストーンにおいてまったくないことでした。

結論から申し上げますと、ご覧の資料の数値が高ければ高いほど、ドット柄ブラウスの販売数とそのアイテムの販売数に強い相関関係があるということです。

すごい。

そんなことがわかるんですね……。

この相関係数の数学的理論を当然説明するべきですが、いま数学的な理論の話を始めると、それこそこの会議の本題から外れますので、説明は時間が余ったらすることにします。いまは、この数値が正しいという前提で議論を前に進めさせてください。

ちょっと待ってくれ。

はい、何でしょう？

そもそもソウカンケイスウのソウカンってなんだ？　いや、店長たちも笑っているけれどわからないのは俺だけじゃないはずだぞ。そうだろ？

各店舗の店長も数人が笑いながら頷き、少し会議室の空気が和らぎました。3カ月に一度の重要な会議が、あっという間に講師・柴崎智香のセミナーと化していました。

そうですね、では相関係数について簡単に説明してからにしましょう。突然ですが、木村さんは、いままで仕事でストレスを感じたことがありますか？

ああ、いま、まさにＭＡＸだ。

［図4-4］ ドット柄ブラウスと主なボトムスとの相関関係

	デニムパンツ	デニムスカート	カプリパンツ	ショートパンツ
ドット柄のブラウス	-0.27	0.36	-0.41	0.53

この数値が高いほどドット柄ブラウスとの販売数には強い相関関係がある

会議室が笑いに包まれます。そう切り返されるとは思っていなかった智香も、不覚にも少し笑ってしまいました。

ストレスが大きくなると、木村さんにはどんな変化が起こりますか？

ん？ 変化？ ……そうだな、飲む機会が増えるかもしれないな。

逆にストレスが少なくなればなるほど、どんな変化が起こりますか？

まあ、仕事が楽しくて仕方なくなるだろうね。

つまり、木村さんの場合はストレスの

大小と飲酒の量、仕事へのモチベーションには関係がありそうだなという考え方ができます。ということは、こうも言えます。

俺の飲酒量と仕事のモチベーションにも何らかの関係がある……と？

その通りです。一方の変化とあるもう一方の変化に何かしら関連が認められる場合、相関関係があるという表現をします。さらに言うと、一方が増えるともう一方も増えるような関係を〝正の相関〟、逆に一方が増えるともう一方は減るような関係を〝負の相関〟なんて表現をします。

正比例と反比例みたいなものですかね。

はい、イメージとしてはそれで正しいですね。先ほどの相関係数は、2種類のデータについて、一方の変化（増減）ともう一方の変化（増減）にどのくらい関連がありそうかを知るため、それぞれの販売数の変化を比較し、数値化したものになります。

誰もがぼんやりイメージしていたことをきっちり言語化して説明されたので、営業部のメンバーはじめ、各店舗の店長もここまでは全員理解できています。するとここで奈々が智香に対して鋭い質問をします。この質問で登場するある言葉は、多くの「優秀」と呼ばれるビジネスパーソンも実は正しく理解していないまま現場で使ってしまう言葉なのです。

「相関関係」と「因果関係」

柴崎さ～ん、1つ質問がありま～す。

はい、どうぞ。

因果関係って言葉もありますよね？　それと相関関係とは違うんですか？

よい質問ですね（ニコッ）。因果関係をひと言で言うと、原因と結果の関係になっているもの。先ほどの例で言えば、木村さんの飲酒量が増えることは仕事のモチベーション低下の直接的な原因ではないですよね。そのまた逆もしかり。でも、飲酒量が増える原因はストレスの増加と先ほど自らおっしゃっていましたので、飲酒量の増減とストレスの有無は因果関係と考えてよいですね。

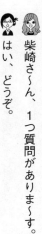

[図4-5] 相関関係と因果関係

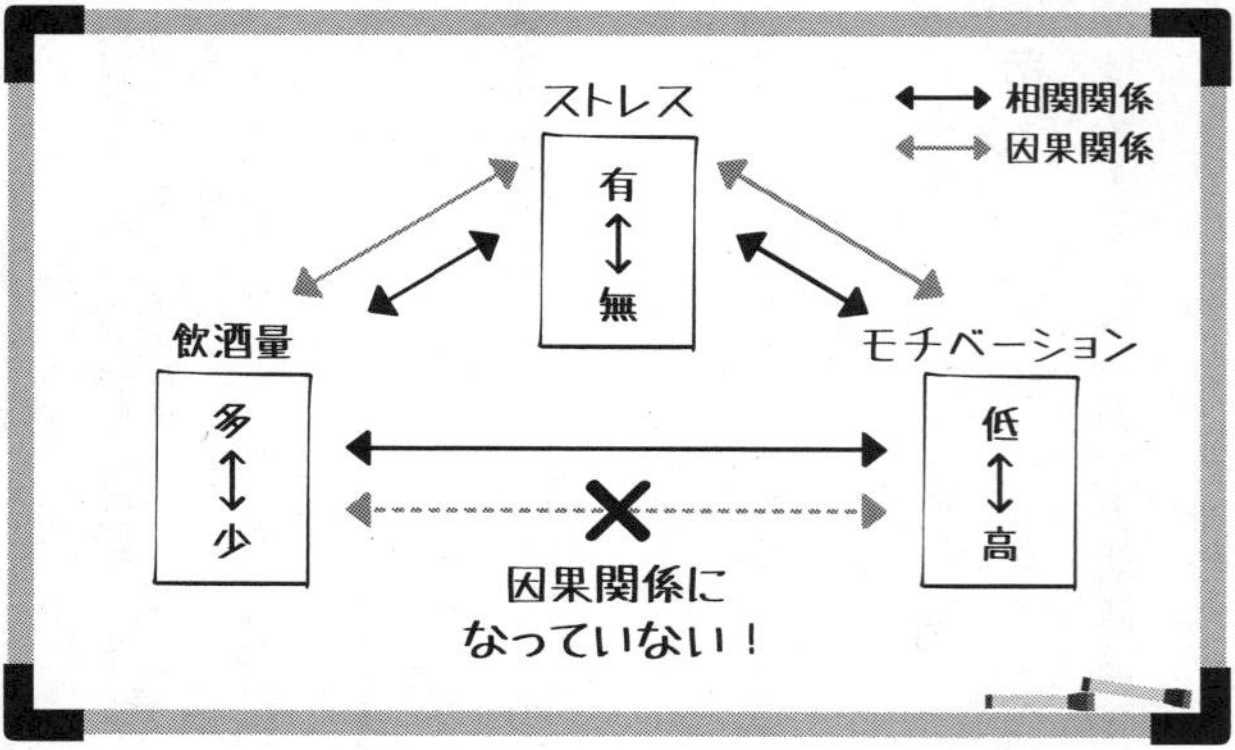

なるほど～。

ということは、何か2つの間に因果関係があれば、それは必然的に相関関係があるとも言える。でもその逆は必ずしも言えないってことか。

はい、その通りです（ニコッ）。

4 相関関係から意外なアイテムとのつながりが明らかに

相関係数が示したもの

相関係数とは何を表す数字なのかを理解したところで、智香は先を急ぐことにします。大切なのは、数学的な理論や言葉の定義よりも、目の前の仕事をどう進めていくかです。

では本題に戻ります。資料（図4―4）にある相関係数を改めてご覧ください。ドット柄ブラウスと主なボトムスとの相関関係を数値化したものです。実はこの相関係数は必ず+1から−1の間の数値になります。+1に近ければ近いほど正の相関が強く、−1に近ければ近いほど負の相関が強いと解釈します。先ほども申し上げましたが、

数学的な理論はここでは割愛し、本題の進行を優先します。

ちょっと待て！　この数字がもっとも高いのがショートパンツだぞ？　ということはドット柄ブラウスの販売枚数と相関関係がもっとも強いのはショートパンツってことにならないか!?

はい、その通りです。

ほら見ろ、結局さっきの俺の予想通りじゃないか！　ボトムスで合わせるならやっぱりショートパンツがベスト。数学だか何だか知らないが、結局俺のセンスで出した結論と同じじゃないか。

いいえ、0・5程度では不合格です。

はい？

相関係数の大小は重要です。でも、0・5程度の数値では決して高い相関があるとは言い切れません。少なくとも、〝ボトムスの中では比較的高いけれど〟程度の評価です。

おいおい！　自分に有利な数字が出なかったからって煙に巻こうとしていないか。

いいえ、そんなことはありません。

[図4-6]　相関関係の強さと相関係数の関係

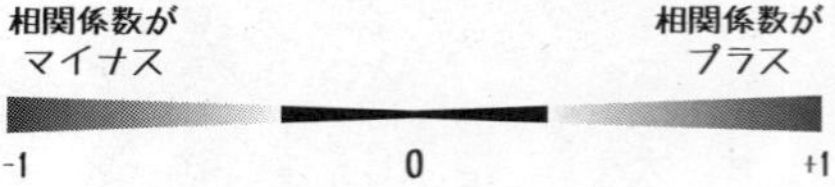

相関係数	-1		0		+1
解釈	強い負の相関	負の相関	相関がない	正の相関	強い正の相関

木村のツッコミたくなる気持ちもわからなくはありません。しかし、実際のところ、相関係数が0・5程度ではマーケティングに示唆を与える数値とは残念ながら言えません。絶対的な基準はありませんが、一般的にはプラス0・7（あるいはマイナス0・7）程度あれば強い相関関係ありと考えるのが妥当といわれています。数字はとても無機質なものですが、決して「ウソ」はつきません。出てきた数値は、信じなければなりません。

さらに、数字は人間が先入観で見ようとしてこなかった事実をクッキリ浮かび上がらせるチカラも持っているのです。

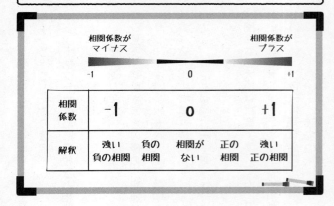

木村さん、一緒に売るものはボトムスじゃないといけないのでしょうか？

……？

私はファッションに関しては素人です。だから質問なのですが、ブラウスと一緒に買ってもらうアイテムはボトムスじゃないといけないのでしょうか？

木村には、智香の質問の意味が最初は理解できませんでした。ファッションはトータルコーディネートで初めて「成立」するものだというのが木村の哲学。当然、ブラウスを売りたいならばそれに合うボトムスをセットで提案するなんて当たり前のことだろう、と。しかし……。

相関係数で想定外のものが見える

資料の続きに数字が入っているね。

続き……？

そうです、次の表を見ていただければ一目瞭然です。過去のドット柄ブラウスの販売枚数の推移との相関を全アイテム調べてみたところ、実は圧倒的に高い数値を示したものが1つだけ存在しました。

面白いね、これ。

へえ、すご〜い！

まったく想定外ですね、これは。

……マジかよ。

ご覧の通り、ストールの販売数の推移ときわめて近い相関があることがわかりました。要するに、過去の「W-XY」においては、ドット柄ブラウスの販売数とストールのそれとは比例しているということです。

ちょっと待った！

はい、何でしょうか。

この分析結果は意味をなさないね。

[図4-7] ドット柄ブラウスと他アイテムの相関係数

	デニムパンツ	デニムスカート	カプリパンツ	ショートパンツ	ストール
ドット柄のブラウス	−0.27	0.36	−0.41	0.53	0.84

ストールとの相関が強い！

なぜでしょうか？

そもそも、ストールはもっともよく売れる小物だ。トップスを買ったお客様がセットで購入する可能性も高い。つまり、ドット柄ブラウスではないトップスを買った人の数字も見ないとダメだろう。

珍しく木村は自信満々です。でも確かに木村の言う通り、ドット柄ブラウス以外のアイテムとストールとの相関係数も見ないと、正しい判断はできません。先日、智香にレクチャーされたＡＢテストの考え方を早速使っているというわけです。

木村さん、素晴らしい指摘です。先日の私の話を使ってくださってますね（ニコッ）。

フン、うるせ～。

当然そのポイントも調べています。資料には載せませんでしたが、ドット柄ブラウスを除いたトップスの販売推移との相関も調べてみたところ、相関係数はおよそ0・5でした。

……マジ？

結論です。過去の数字から、来期の主力商品であるドット柄ブラウスを売ることで同時に販売数が増える可能性が高いのは「ストール」です。しかも、その傾向は他のトップスアイテムと比較しても顕著です。

5 数字を使えば先入観が取り除ける

数字から思い込みに気付く

福島の判断により、来期の注力アイテムになるドット柄ブラウスはショートパンツを中心としたコーディネートで提案していくこと、そしてそのお客様にはプラスアルファの提案として、ストールを積極的にオススメしていこうということで話はまとまりました。さらに会議は続きます。

でもさ、な〜んでドット柄ブラウスだけストールとの相関が強いんだろ。さっきの説明によれば、相関関係はあるけど、因果関係があるわけではない。つまり、ドッ

ト柄ブラウスを買ったことがストールを買う直接的な理由にはなっていないということだ。

ワタシもさっきからそこが腑に落ちないんですよね～。数字でそう出ているなら信じるしかないですけれど。

う～ん、ドット柄と合わせやすい無地ストールがほしいっていう心理はわかるけどな。

無地ではありませんよ。

え？

ドット柄ブラウスともっとも相関が強い柄は〝花柄〟です。

おい、そこまで調べたのか!?

智香は資料の裏を見るように全員に指示をします。裏側にはストールというアイテムに限定した形で、相関係数の算出結果が示されていました。

プレゼンしたいことは「花柄」の数値の大きさであり、ＡＢテストと同じく比較が必要

[図4-8] ドット柄ブラウスとストールの相関係数

	柄			
	ストール全体	無地	花柄	それ以外
ドット柄のブラウス	0.84	0.54	0.93	0.79

花柄ストールとの相関が強い！

な対象は「全体」と「無地」と「それ以外」と考えられるので、このような整理で説明できます。

ご覧の通り、花柄ストールの増減がドット柄ブラウスのそれともっとも似ている（推移の仕方が近い）ことが一目瞭然です。

これ、すご〜い。

“無地”が低いというのは、驚きました。

……マジかよ。

しかし木村はこの結果がどうにも腑に落ちません。

数字から顧客心理を読み取る

わからん。普通「ドット柄ブラウスと花柄のストール」なんて、合わせてコーディネートしないだろ。実際ウチのカタログやディスプレイでも、合わせやすい無地とかでコーディネートしているのに。

木村さん、ここでひとつ問題提起させていただきます。

……(ったく、いちいち固い表現を使うんだよなコイツは)。

一緒にコーディネートするために購入しているとは限らないのでは?

……?

私はまだこの会社にきて日が浅いですが、思うことがあります。皆さんはファッションを提案する側ですから、トータルのコーディネートを軸にして物事を考えています。でも、お客様はどうでしょうか。

何が言いたい?

私はお店のディスプレイやショップスタッフさんの上下コーディネートをそのまま購入した経験は、いままで一度もありません。

この言葉にはショップの店長たちの表情が変わりました。確かにコーディネート提案しても単品買い、あるいはまったく関連のないアイテムを複数枚購入されるケースが多いことを彼女たちは肌感覚として持っていたからです。

これはあくまで私の友人が言っていたのですが……。

ああ、何だよ。

柄ものの服を着る人っていろんな柄にチャレンジしているけれど、無地のものやシンプルな服装が好きな人ってなかなか柄ものにはチャレンジしないって。

……！

確かにそれはワタシも感じます。もしかしたら、こういうことかな。ドット柄ブラウスを着るような女性はそもそも柄ものが好きだし、ファッションにもアクティブ。

だから他の柄ものにも興味を持ちやすいし、既存のコーディネートにアクセントを加えられるアイテムならほしいと思いやすい。だから2つのアイテムの売れ方には相関がある、とか?

奈々の言葉にショップの店長たちも頷いています。「相関が強い=同じ人が買っている」はある程度正しいかもしれません。しかし、「相関が強い=一緒に使うために買っている」は販売する側の勝手な先入観と言わざるを得ません。今回の相関係数という数字は、販売する側がつい見落としてしまいがちなお客様のインサイト(お客様自身も気がついていない購買活動の根底にある欲求)を浮かび上がらせてくれたようです。

最初は智香を「異物」を見るような目で見ていた店長たちも、いつしかファッション業界での経験が皆無である智香の話に魅了されています。

結局、来期は花柄を中心とした柄もののストールを多く生産し、ショップスタッフも柄もののトップスを購入しそうなお客様には、柄ものの小物を意識的にオススメしていくということで議論は着地しました。

先入観……か。

……。

データを読むとは「Read」ではなく「Think」だったな。

ええ。

少しわかった気がする。

木村は智香と目を合わせることなくそうつぶやきました。

6 相関係数は〝イメージ〟で理解する

相関係数もエクセルで計算

長時間にわたる全社営業会議がようやく終わり、散会となりました。

今日はさすがに疲れたのか、福島は早々に会社を後に。奈々も「今日は疲れましたぁ～」という言葉を残してさっさと退社していきました。

木村も帰ろうとデスクを片付け始めたとき、雑務を処理していた近藤がふとあることを思い出し、智香に声をかけました。

そういえば柴崎さん。相関係数を算出するのって大変な作業なんですか？

［図4-9］ エクセルでの相関係数の算出方法

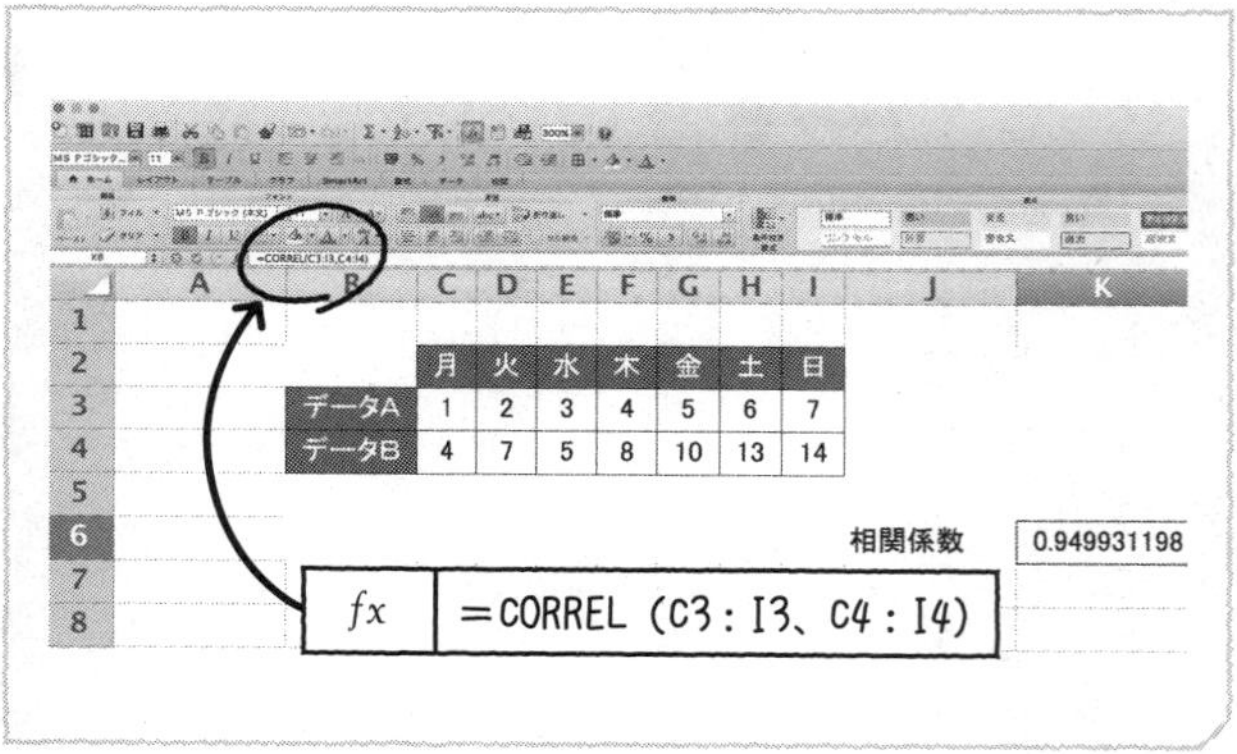

そういえば説明を後回しにしていましたね。

これもエクセルの関数があるんですか？。

ええ。「＝CORREL（　）」でデータの範囲を指定してあげればOK。たとえばこんな風にすれば。

近藤に説明するため、たまたま開いていたエクセルシートに、簡単な7つの数値からなるデータAとBを表にまとめ、CORREL関数を指定し、相関を調べたい2種類のデータのセル範囲をそれぞれ指定してあげることで、簡単に数値が算出できます。

なんとなく気になるのか、木村は片付けをする素振りを見せながら、目を合わせずこっそり聞いています。そんな木村の様子に気付いた智香ですが、あえて気付かないフリをして近藤との会話を続けることにします。

このケースだと、相関係数はおよそ0・95、つまりこのデータだけで判断するならば、かなり高い相関があると評価できます。

なるほど。ところで1つ質問ですが、なぜ相関係数ってプラスの値もあればマイナスの値も出てくるのでしょうか？　細かい理論は正直言ってあまり興味はないんですけど……。

ビジネスパーソンにとって大切なのは「使う」ことであって、相関係数の厳密な理論はそれほど重要なことではありません。実際、その数学的理論を誰かに説明するような場はごく限られた人以外はおそらくないでしょう。しかし、大まかなイメージを持っておくことは大切です。なぜなら、ビジネスに必須の「平均」「バラツキ」「2つのデータの相関」

という概念を正しくイメージすることにつながるからです。

「正の相関」と「負の相関」の意味

そうですね……、説明すると少し長くなるし、かなり数学的な話になってくるので、気になるようならざっくりイメージで理解しておけばいいと思います。

ぜひお願いします。

わかりました。私のパソコンで説明します。

智香は新しいシートを開き、簡単な表を作成しました。どうにも気になるのか、ついに木村もパソコンを覗き込んできました。

あれ、木村さん、帰るんじゃないんですか？

ああ、でも人と会う約束をしていてもう少し時間があるんだよ。

[図4-10] コンビニでの3アイテムの販売数

	1日目	2日目	平均値
カップアイス	1	3	2
棒アイス	1	5	3
おでん	19	3	11

理解のために究極までシンプルにしました。たとえばあるコンビニのカップアイス、棒アイス、おでんの販売数を2日に分けて考えます。2日間の平均はご覧の通りです。

おお、むちゃくちゃシンプルだな。

では、木村さんにうかがいます。カップアイスと棒アイスの販売数の関係は正の相関、負の相関、どちらでしょうか。

どちらも1日目より2日目が増えているから正の相関か?

そうです。カップアイスとおでんならその逆になるので負の相関と考えられます。2軸のグラフで表現すると、カッ

［図4-11］ 正の相関のイメージ

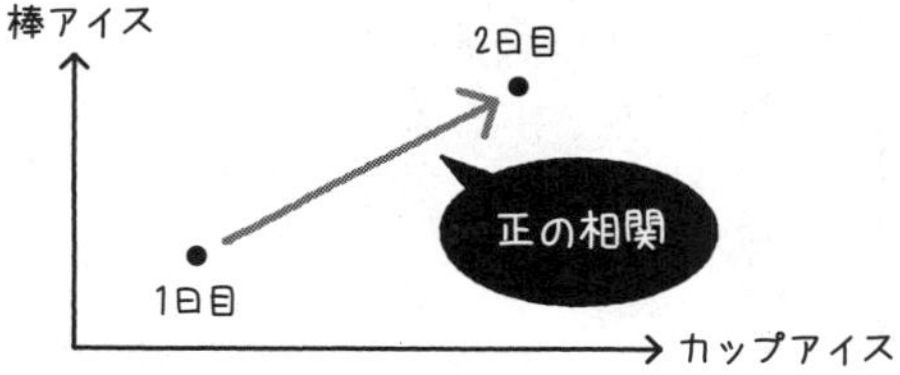

	1日目	2日目
カップアイスの販売数－（カップアイスの平均販売個数）	(1-2) ＝-1	(3-2) ＝1
棒アイスの販売数－（棒アイスの平均販売個数）	(1-3) ＝-2	(5-3) ＝2

プアイスと棒アイスの関係はこのような感じです。よろしいでしょうか？

ああ。

正の相関関係があるカップアイスと棒アイスにおいて、それぞれの平均値からの差を計算すると、このようになります（図4―11）。ご覧の通り、1日目はともにマイナスの数、2日目はともにプラスの数。

確かにそうだな。

負の相関関係があるカップアイスとおでんについても同様に考えると、1日目も2日目もマイナスとプラスに分かれてしまいました。

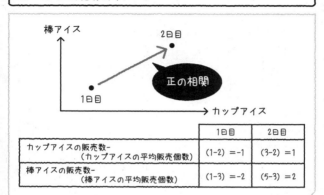

[図4-12] 負の相関のイメージ

	1日目	2日目
カップアイスの販売数－（カップアイスの平均販売個数）	(1-2) =-1	(3-2) =1
おでんの販売数－（おでんの販売個数）	(19-11) =8	(3-11) =-8

おおっ。何かありそうな気がしますね……何だろう？

バラツキ数のときも同じ発想でしたが、いくつも数字があるとわかりにくいので、できれば1つの数字だけで相関の具合を表現したい。

ああ、それが相関係数なんだろ。でもここからどうするんだ？

実は1日目と2日目、それぞれの平均値からの差を掛ければ、前者の相関関係はプラスで表現でき、後者の相関関係はマイナスで表現できます（図4－13、14参照）。

[図4-13] 正の相関の計算

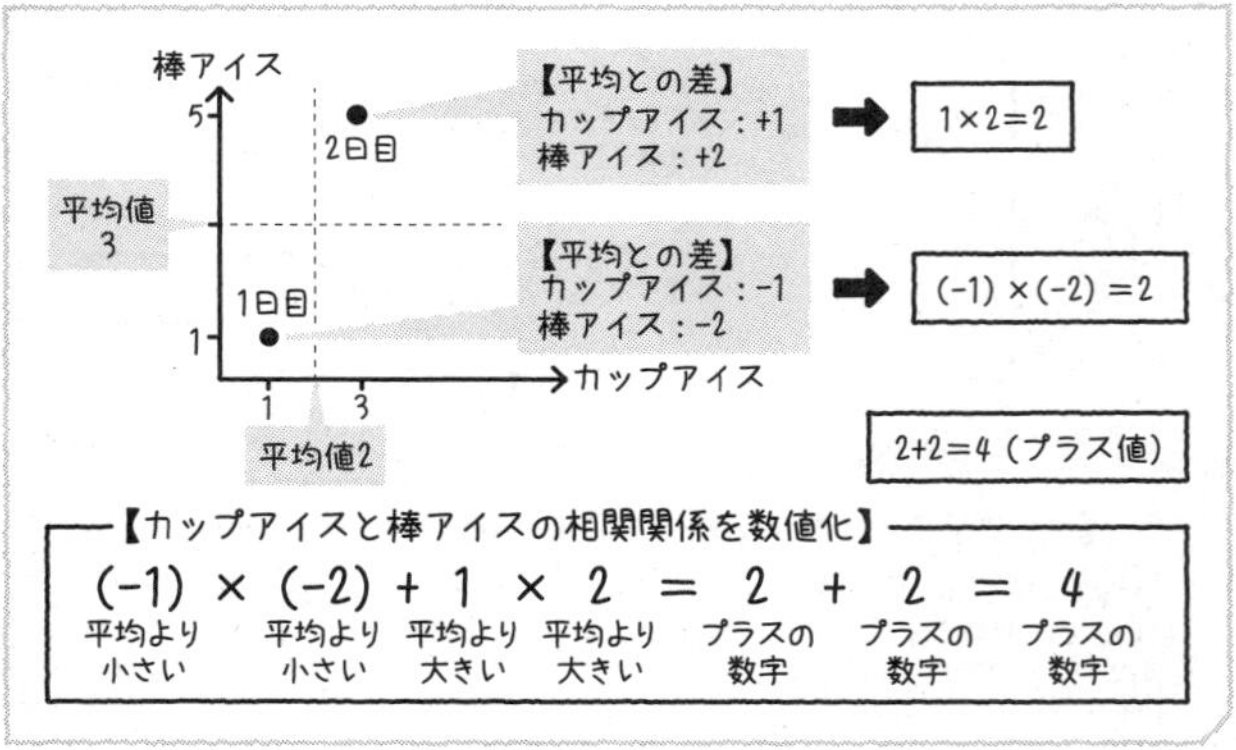

そうか……。確かに数字の正負が同じだったら掛け算すればプラスになり、正負が異なっていれば掛け算することでマイナスになりますよね。

マイナス同士を最後に足し算するから、負の相関の場合は係数がマイナス！

はい。いまは理解のために1日目と2日目というわずか2つのデータで説明しましたが、データが多くても原理は変わりません。正の相関・負の相関というもののイメージと、相関係数のプラスマイナスがリンクしたでしょうか。

わからなかった問題が解けた中学生のよう

[図4-14] 負の相関の計算

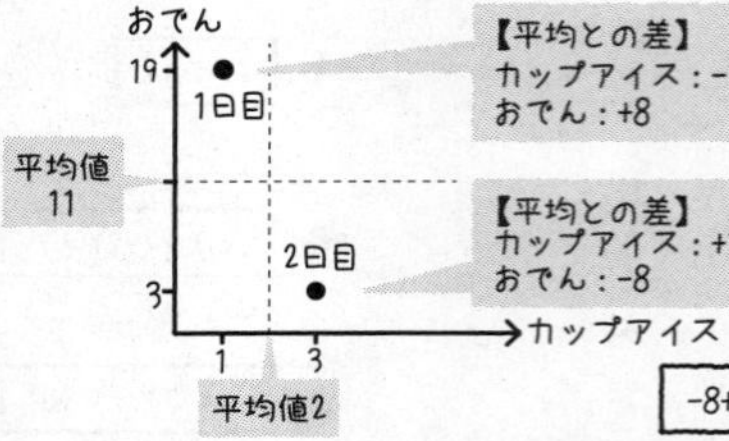

【平均との差】
カップアイス：-1
おでん：+8
➡ (-1) ×8=-8

【平均との差】
カップアイス：+1
おでん：-8
➡ (-1) ×8=-8

-8+ (-8) =-16 (マイナス値)

【カップアイスとおでんの相関関係を数値化】

(-1) × 8 + 1 × (-8) = -8 + (-8) = -16

(-1)：平均より小さい　8：平均より大きい　1：平均より大きい　(-8)：平均より小さい　-8：マイナスの数字　(-8)：マイナスの数字　-16：マイナスの数字

に、木村と近藤は目を輝かせています。それは、かつて智香が学生時代に初めて相関係数の構造を学び、理解できたときに感じた小さな「感動」に近いものでした。

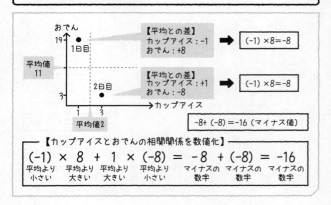

現場で簡単な分析に使う場合においては、「平均とそこからのバラツキ具合に注目することで、2つのデータの関連が数字で捉えられる」と、ざっくりイメージできていれば、とりあえずOKです。木村さんもこれ以上、理論を深掘りするよりも、実際にエクセルなどで使ってみることです。

フン、わかっているよ。

7 数字を使って意思決定する本当の理由

信頼を裏切らないための数字

相関係数のからくりをイメージできた木村は少し興奮状態です。こういう経験は、かつて学生時代の数学の授業では、体験したことがありませんでした。

まあそもそも彼自身の授業態度に問題があったとも言えるのですが。

さ〜て、そろそろ帰ろっと。

木村さん、ちょっとだけいいですか。

え？　何だよ。相関係数はもういいよ。

違います。まったく別の話です。今日思ったのですが、社内や特にショップスタッフさんの中には木村さんのファンも多いんですね。

あ、まあな。地方の店舗なんて特にそうだよ。俺が視察や打ち合わせで顔を出すと目をキラキラさせるもん（上機嫌♪）。

そんな超ポジティブ思考で少し勘違いしているフシがある木村に対して、智香がまた何かガツンと言うのかなと近藤はぼんやりと想像していました。

ところが、智香の口から出た言葉は意外なものでした。

ファンがいることは素晴らしいことです。大切にしてください。

ん？　何だよ急に。気持ち悪いな……。

彼女たちは木村さんを信頼しています。頻繁に会えない地方のスタッフほど、木村さんの能力を頼りにしているのでしょう。

……？

少し私の話を聞いていただけますか。

智香の話とは、彼女が前職でコンサルティングに入った、あるクライアント企業の実話であり、コンサルティング契約をする前にあった出来事についてです。

その企業はいわゆる社長のワンマン経営で成長を続けてきた企業でした。部下に任せることはほとんどなく、社長がほぼすべて意思決定をしていたのですが、その決定理由のほとんどが、「俺の経験と直感」だったのです。ある日、社長の意見と現場の意見が真っ向から対立したことがありました。現場の意見も論理的な根拠があったわけではなく、言うなれば現場の「肌感覚」だったのですが……。

結局、その社長は自分の意見を押し通し、会社にとって重要な意思決定を行いました。

それでどうなったんだ？

その後、事業は急激に悪化し、やむを得ず社長はリストラを実行することに。

……。

そのとき、リストラされた従業員はこう思ったそうです。「確かに社長のビジネスセンスは素晴らしかった。でも、あのとき、何か別の方法でアプローチしてみることはできなかったのだろうか。たとえば論理的に考えて数字を使って分析してみるとか、そういうことをしていたら、もしかしたら違う意思決定もあったのではないか」と。もちろん、誰もその社長には言えませんでしたけどね。

……。

もう少し早くその会社とのご縁があればと、悔しい気持ちになりました。

その言葉には、珍しく感情がこもっていました。そんな智香に木村はつい皮肉を言ってしまいます。

へえ、普段クールな数学女子でもたまにはエモーショナルなことを語るときもあるんだな。ちなみに、それはあくまで結果論だろ。たとえば数字で分析し、予測した結果が外れてしまうことだってあるだろうし。

はい、その通りです。その通りですが、それは間違いです。

ん？　なに言ってるの？

予想にせよ予測にせよ、絶対に外れないなんてことはあり得ませんよね。

ああそうだよ。だからいま、そう言ったじゃないか。

ならば、外れた後が大切なのではないでしょうか。

……？

木村さん、意思決定のとき、周りの仲間のことを考えたことがありますか。

近藤もいつの間にか智香の話に引き込まれていました。いつもの冷静な智香とは少し違う。そんな気がしていて、この先何を語ってくれるのかを期待してしまいます。

2人はじっくり智香の言葉を待っていました。

先ほどの会社の話、社長の直感での意思決定が失敗した場合と、数字を使って議論した結果も踏まえてした意思決定が失敗した場合では、従業員の心情は違っていたと思います。

……？

後者の場合は仕方ないと納得できるものです。ところが、前者はそうではありません。先ほどのリストラされた従業員の言葉がすべてです。

……まあ、そうだな。

仕事はチームプレイです。そして、チームメンバーはロボットではなく、人間です。この社長は意思決定を誤った際の従業員のメンタルまでは考えられなかったんですね。

数字で意思決定をする本当の意味

「数字を使って意思決定しよう」とは誰もが言うこと。しかし、なぜ数字を使わなければならないのかを本質から理解できている人は少ないのです。

大切なのは失敗した後、「ここまで論理や数字を使って議論をした上での決定が外れたのなら仕方ない」とメンバーが納得できるかどうかです。

大切な仲間のメンタルを考えたら、一個人の「経験と勘」だけで重要な意思決定など、本来はできるはずがないのです。

だから、数字を使えと？

そうです。木村さんのファンを悲しませないためにも。

木村は言葉を返すことはせず、踵を返してオフィスを出ていきました。

次の瞬間、近藤が無言でコーヒーを智香に差し出します。「ありがとう」と近藤に目で語り、智香はあまり好きではないコーヒーをブラックのまますすりました。

智香からの
ワンポイントアドバイス②

なぜ相関係数が、正の相関のときはプラスで負の相関のときはマイナスになるのか、イメージを掴んでいただけたと思います。コンビニの例においても＋４と－16という値でした。

これを見て「あれ？」と思った方もいらっしゃるのではないでしょうか。本章４項で、「相関係数の値は必ず＋１から－１の間になる」と説明していましたよね。しかし、コンビニの例で計算された値は、この条件にあてはまっていません。つまり、＋４と－16という値は相関係数の正負を説明するためのものであり、真の相関係数ではないのです。

実はこの値に対して、データの個数で平均をとり、さらにある数で割り算した結果が相関係数の数学的に正しい定義になっています。そのある数とは、２つのデータのそれぞれの標準偏差を掛け算したものです。

この定義で算出される数字がなぜ＋１から－１の間になるのかについては、少々難易度の高いお話になりますので、統計学の専門書などに委ねることにします。

２軸のグラフを４分割する本章６項の考え方は、平均を基準にして、それに対するバラツキを把握し、２種類のデータの相関を把握できるシンプルかつ有効な分析手法です。

第5章

「分析とは何か」を誤解していませんか?

1 佐野社長から出されたあるクイズ

佐野社長からの依頼

ある日の早朝、社内でもっとも小さな会議室に智香と社長の佐野がいました。昨日、佐野から智香に「少し話をしましょう」とメールがあったのです。どうせまたニヤニヤしながら私からの近況報告を聞くのだろうと想像しながら、智香はこの日、出社しました。

柴崎さんが入社してそろそろ2週間。早いね～。どう？　うちの会社は（ニヤニヤ）。

（やっぱり……）ええ、まあだいたい想像していた通りですね。私のようなタイプは、皆さん嫌いみたいです。

ははは……。ま、正確には1人だろうけど。

……かもしれませんね。でも、こちらも勉強になります。

ところで話は変わるんだが……。

佐野は株式会社ブライトストーンのネット通販事業について説明を始めました。ネット通販は2年前に佐野の強い希望もあり、「社長直轄プロジェクト」として立ち上げ、通販サイトをオープンさせました。ところがオープン以来、現在まで売上は低空飛行を続けています。そんな状況ゆえ専門の部署があるわけではなく、営業部とシステム部門が〝なんとなく〟連携し、〝なんとなく〟サイト運営されているというのが現状です。

そんな状況から、社内からは継続の必要性を疑う声も出始めていました。このプロジェクトには木村も当然参加していましたが、彼もそのような声をあげる1人です。

なるほど、まあ新規事業の初期から中期フェーズではよくあることですね。

ああ。でも、私はこのネット通販事業はある〝狙い〟があって始めたんだよ。

それは何ですか？

いまは内緒ということにしておこう。数字を見てもらえれば柴崎さんは気付いてくれると思うよ。まあ、キミにとってはちょっとしたクイズみたいなものだろう。

はあ。でもなぜいま、このお話を私に？

まあ、いまの社内の空気から察するに、おそらく近いうち、ネット通販事業について社内で議論する場があると思ったんでね。

つまり、そのような場でスタッフの皆さんに私から説明しろと。

さすが。勘が鋭いね～（ニヤニヤ）。

早朝の秘密会談（？）を終え、智香はデスクに戻って早速、通販サイトを開いてみました。確かに、それほどコストや手間をかけているようには見えず、お世辞にも「売れていそう」なサイトではないと感じました。しかし、あの佐野の肝いりで立ち上げた事業。先ほど佐野が自ら言ったように、必ず何か意図があるはずです。

少し難しいクイズを出されたような感覚に、智香の心は無意識に躍るのでした。

2 通販サイトはクローズするべき？

「実売」で判断すれば大丈夫？

やっぱり売れないと思うんだよね〜。

ある日の朝、デスクで木村が大きな声で発した言葉です。特定の誰かに向けてではないので、半分は独り言のようなもの。これまでのネット通販サイトの売上額を見てみると、営業部門のリーダーとしてはやはり見過ごすことはできないようです。

売れないって、ネット通販の件ですか？

そう、もう数字で出ているじゃん。オープン以来、前月比が１２０％を超えた月はないし、客単価も実店舗に比べて7割程度。ダメじゃんこれ。

ふふふ。木村さん、発言に数字が入るようになってきましたね。

え？　まあこの程度はビジネスパーソンとして当然でしょ。

でも、確かになかなか数字は伸びませんね。

俺はよくわからないけれど、システム部が予算を取ってウェブの集客とかやっているらしい。マーケティングにお金を使っているのにこれじゃ……。

一度、部長も交えて話し合ってみてはどうでしょう。

賛成！　通販事業のためにワタシたちもそこそこ時間取られているもんね。

というわけで、翌週に営業部内でミーティングをすることになりました。部長の福島はもちろん、智香も参加です。

木村が通販事業にネガティブなのには理由があります。そもそも、ファッションは実際に生で見て、触って、感じて、試して、そして購入していただくものであり、そのプロセスを楽しんでいただくこともファッションの醍醐味。そこも提供する価値の1つだというのが木村の持論なのです。つまり、インターネットの画面だけ見てワンクリックで購入、というのは彼の哲学に反するというわけです。

通販事業のプロジェクトを立ち上げる際にも木村は社長の佐野と、この点について意見交換をしましたが、佐野はいっさい取り合わなかったのでした。

まあ俺の個人的な考えもあるが、何より数字が物語っている。部長、2年やってこれではハッキリ言って続ける意味がないと思います。

その数字というのは？

昨年度の年間売上額を主な店舗と比較してみました。ご存じだと思いますが、主な実店舗と売上額の桁が違います。たとえば横浜店は2100万円に対して、ネット通販はおよそ800万円。

まあ、確かに売上額だけ見ればそうなるな。

ウチのメンバーだけでも通販事業で少なからず人的コストも発生しています。営業部として、クローズさせる提案を社長にしませんか?

なるほど。ところで柴崎さんはどう思う?

結論から言うと、継続すべきです。

出た、またかよ……。

もちろん根拠はあります。

また数学かい? それも結構だけどな、年間でたった800万円の売上だぞ? しかもこの2年間ほぼ売上額は横ばい。どう考えてもポテンシャルはないと思うけど。

木村さん、前から思っていたことなんですが……。

何だよ?

割り算できないんですね。

数字は「実数」と「割合」で比較

[図5-1] ビラ配りの効率がよいのはどっち？

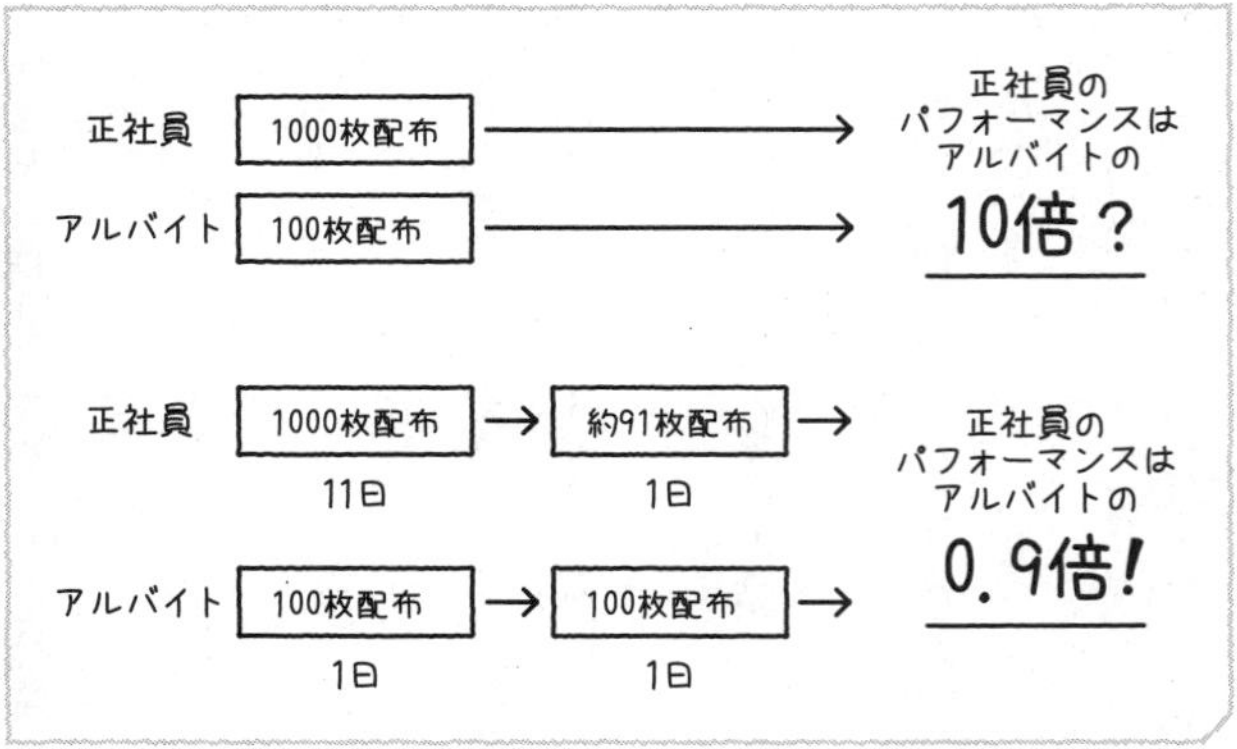

あまりに予想外の言葉に、木村の口からは「はあ？」というお決まりのセリフすらでてきません。何を言い出すのかとびっくりするメンバーの視線をよそに、智香は淡々と話を続けます。

実数だけの比較には意味がありません。

ジッスウ……？

リアルな数量のことだから実数。この場合は売上額のことですが、2100万円と800万円をそのまま比較することには意味がありません。

……？

たとえばこういうことです。ビラ配り

の仕事を1000枚やった正社員と、100枚しか配っていないアルバイト。どちらが優秀でしょうか？

ま～たくだらない話が始まった。そりゃ正社員だろうが。

なぜでしょうか？

なぜって……配った枚数が1桁も違うじゃないか。

柴崎さんが言いたいことって、つまり正社員が1000枚配るのにまる11日かかり、アルバイトはまる1日で全部配ったとしたら、評価は逆になるということですよね。

あ？

こんなの、小学校の算数の話ですよ。割り算だけです。

（カチン）……！

だから2100万円と800万円の2つの実数を比較しただけではほとんど意味がないのです。

3 「お客様視点」を語るなら数字を使え

注目すべきなのは「売上」より「利益率」

智香が主な店舗とネット通販事業とを比較するためのデータを配りました。主要店舗である表参道、新宿、横浜、博多の4店舗とネット通販サイトの昨年度売上額、かかった費用（売上原価など）、営業利益、営業利益率などが書かれています。相変わらず、智香の資料作成は会議の展開がすでにわかっているような内容です。

以前から気になっていましたが、木村さんの発言には「売上」が多いですね。私たちは「利益」を得ることが目的です。予算などの目標値が「売上」なのでどうして

[図5-2]　資料その1：主要店舗の売上に関するデータ

	実数			割合
	売上	費用（原価含む）	営業利益	営業利益率
表参道店	120,000,000円	110,040,000円	9,960,000円	8.30%
新宿店	61,000,000円	56,425,000円	4,575,000円	7.50%
横浜店	21,000,000円	19,656,000円	1,344,000円	6.40%
博多店	42,000,000円	38,934,000円	3,066,000円	7.30%
通販サイト	7,900,000円	7,457,600円	442,400円	5.60%

もそうなってしまいがちですが、原理原則は「利益」が最初にくるべきで、その後に「売上」や「費用」を考えるべきです。

……ったく、おそるべき細かさですな。

は？　何か？

またしても険悪なムードの2人ですが、智香は構わず話を続けます。

右端の「営業利益率」に注目してください。つまり実数ではなく割合です。

あのさ、見ての通りネット通販サイトがもっとも利益率が低いじゃないか。

それに、これくらいの数字、俺だって把握しているぜ。

確かにそうですね。でも木村さんの指摘するネット通販と横浜店とはこうして見ると1ポイントの差もありませんよね。ところが表参道店と横浜店は2ポイント近くの差があり、それに関してはこれまで何も指摘してきませんでしたよね？　何か矛盾を感じるのですが？

うっ……（ま〜た屁理屈だよ）。

つまり、ネット通販事業は他の主要店舗と利益を稼ぐ力はそう変わらないということです。ならば、ネット通販だけやめるべきだという議論はおかしくないでしょうか？

この智香の主張に反論するメンバーは1人もいませんでした。確かに額は少ないけれども、利益率で見ればネット通販だけ〝悪者〟にするのはいささか乱暴かもしれません。

柴崎センセイ、しつも〜ん♪

はい、島田さんどうぞ。

でも、結局は生み出す利益額が少ないわけだから、会社に貢献していないってことにはなりませんか？

そ！　その通り！　俺もそれが言いたかったんだよ～！

「絶対ウソだ」という福島、近藤の視線にはまったく気付かずに木村はテンションが急上昇しています。しかし、奈々の指摘はよいところを突いています。実際、稼ぐ力があったとしても、ビジネスは得られる利益額が少なければ困ってしまいます。智香の説明は、木村の考え方の浅さを指摘しただけであって、「ネット通販はやめるべき」という主張を否定するには至っていないのです。

いつものパターンだと、柴崎さんの資料の先にその答えがあったりするよね。

確かにこの資料にも続きが……。

はい、資料の続きをご覧ください。「WIXY《ウィクシー》」の顧客を過去の累計購入金額で分類

しました。高額な買い物をしてくれるお客様、つまり超優良顧客はゴールド、そうではないリピーターをシルバー、残りを新規客とします。

弁当で言えば松竹梅のことか。

はい、そして次に各店舗別でその３つの顧客層に分けてみました。すると、明確にわかることがあります。ネット通販の利用者は圧倒的にゴールドが多いのです。

お？

これはわかりやすい傾向ですね。

智香の出した数字によれば、通販サイト利用者に限定して顧客属性を調べたところ、なんと80％近くがゴールド。これは明らかに実店舗と違う傾向が出ていますが、木村はどうも腑に落ちません。

う〜ん、これだと俺の直感とは真逆の結果だ。

木村さんはどう思っていたのですか？

[図5-3]　主要店舗の顧客数内訳

	新規客	シルバー	ゴールド	合計
表参道店	62.0%	33.6%	4.4%	100.0%
新宿店	55.1%	43.0%	1.9%	100.0%
横浜店	69.8%	25.6%	4.6%	100.0%
博多店	53.1%	37.6%	9.3%	100.0%
通販サイト	3.6%	20.6%	75.8%	100.0%

圧倒的に多い！

ゴールドのお客様はウチのブランドの絶対的なファンだから、店に通って買い物を楽しんでくれる。一方、ネットでコンビニのように服を買うお客様はオシャレに対して積極的ではないし、買い物もサッサと済ませたいと思っている。つまり、ウチでなくてもいい客層だと。

なるほど、でも実態は真逆でした。

数字から見えてきたネット通販の強み

そこで福島が質問をします。

柴崎さんはなぜゴールドばかりがウチのネット通販を利用していると思う?

はい、これはリサーチをとっていませんからあくまで私の仮説ですが、新規客はまず店舗で買い物をします。なぜなら、まったく購入したことのないブランドの製品をいきなり通販で買うことはお客様にとってリスクが高いからです。

ふむ。それで?

サイズや素材感などがわかり信頼を得ればリピーターが生まれ、ブランドのテイストや商品の素材、サイズ感覚などをよく知っている優良顧客は店舗ではなく通販でも安心して買い物を済ませるようになる。

その仮説は正しそうな気がするねぇ。

もちろん、リサーチしてみる必要はあると思いますが。

確かにそうかもしれませんね。ゴールドのお客様だったら、昨年買ったものと同じ型がほしいとか、先週買ったものの色違いもほしい、とかありそう。

逆にもう買うことを決めているそのアイテムだけを買いにまた店舗に行くくらいなら、通販で済ませたいっていう心理はあるかもしれません。

どんなビジネスの現場でも「お客様視点」という言葉は飛び交うものです。しかし、今回の木村も「お客様視点」よりは「持論」を無意識に優先し、勝手な思い込みをしていたようです。ですが、このようにただの割り算だけの簡単な数値分析で、その誤りに気付くことができました。

ってことは柴崎のお得意な〝結論〟はどうなるんだ?

結論はこうです。通販サイトがなくなることは超優良顧客への重要なサービスを消滅させることになり、きわめてリスクが高い。よって、会社の収益を圧迫しないことを前提に、継続するべきです。

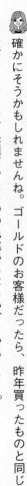

4 「実数」と「割合」、2つの数字の見方

いつでも実数と割合の両方を見る

ネット通販事業の意外な「貢献」が明らかになり、どうやら営業部としての結論が出たようです。しかし、ここで福島がさらにもう1つ質問をします。さすがマネジメント経験豊富なだけあり、智香の扱いのコツを掴んだようです。

ＯＫ！　結論はそういうことで。ところで、柴崎さんに質問が。今回のようにビジネスで数字を見るときは大きく分けて実数と割合があるよね。それをどう扱えば誤った解釈をしなくて済むのか、何かコツみたいなものがあればぜひシェアしてほしい

な。

そうですね、そこは説明したほうがいいかもしれません。

それと、今回の分析は柴崎さんはどういう視点でやったんだろう。こんないいお手本があるなら、今後はみんなにも同じことができるようになってほしいからね。

わかりました。ではあと５分ほど時間をいただきます。木村さん、この５分で１００％理解してくださいね。とても簡単なことですから（ニコッ）。

木村が引きつった笑顔で返します。こんな会話にもキッチリ数字を入れてくる智香に、感心するというよりは半ば呆れていました。

まず実数と割合の話ですが、結論から言うと〝どちらも把握しましょう〟です。

はあ？　そんなの、当たり前のことじゃないか。

ええ、その当たり前のことが木村さんはできていませんでしたが。

あのさ、その性格なんとかなら……。

説明を続けます。まず実数を見たら次に考えることは〝評価するための数字をつくる割り算〟です。先ほどのビラ配りの話なら「1日あたり」と基準を揃える。今回のネット通販の議論であれば、売上額という実数を見たらまずは営業利益率を算出し、評価するための数字をつくるということです。

じゃあ逆に割合の数字を見たらどうするんだよ。

そのときは、次にするべきことは分母になっている実数を把握することです。

ん？　どういうことだ？

まだ木村はピンときていないようです。それを察した智香は黒のマーカーを手に取り、ホワイトボードにサラサラと何かを描き始め、その手を止めずに説明を続けます。

実数から割合、割合から実数を見る

たとえばこういうことです。中国のインターネット通販市場を例にしましょう。中国のインターネット通販利用者はざっくり5億人です。また、同じく中国でのある大手ネット通販サイトの市場シェアは35%です。

それで？

実数と割合の2種類の数字が出てきましたよね。それぞれこの図のように考えて事実を把握していけばよいのです。

……？

これをクセ付けすれば、数字からある程度の正確な状況把握は誰でもできます。

う～む、こう説明されるとすごい簡単なことのように感じる。

確かにこのように整理されると、数字から読み取るという行為はとても簡単な作業の繰り返しなのだと気付きます。データの海で溺れるとは、膨大なデータをやみくもにこねくり回す行為と同じ。基本に忠実に、必要なデータだけに絞って実数と割合の2種類を変換しながら読み解くこと。専門的なスキルを要する高いレベルの分析でなければ、このくらいシンプルに考えればよいのです。

［図5-4］「実数から見た割合」「割合から見た実数」の見方

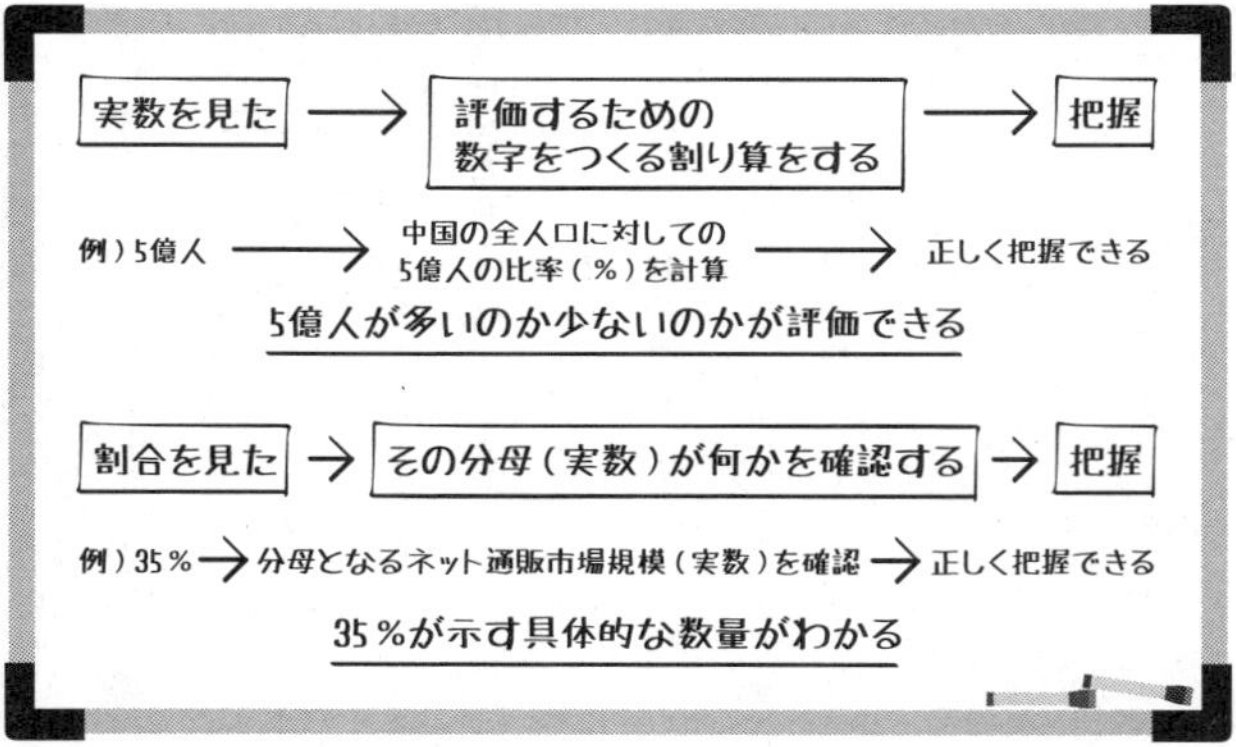

ところで柴崎さん、さっき〝クセ付けする〟って言っていたけど、何か自分のクセにする方法ってあるのかな？

そうですね、新聞記事や広告をこういった視点で見るといいですね。たとえば化粧品の広告とかによくありますよね。「90％が満足と答えました」とか「読者モデル３００人が実際に使っています」とか。

スキンケアの広告なんてほとんどそういうコピーだよな。

はい、そんなコピーを見たら先ほどの実数と割合の視点で数字を見ればよいのです。90％と言っているけれど、実際どんな人に対して何人にリサーチした結果なのかを探る。つまり、分母を数字で捉える。

そっか、逆に読者モデル300人という数字を見たら、読者モデルって日本に全部で何人いるかを把握し、割合を出してみる。

そうです、300人が驚くほど少ないことがわかるはずです。

広告だから当然ポジティブな数字を使いたいですもんね。そういえばよく広告記事の一番下に小さ～く注釈が書かれているけど、それをよ～く読むと、な～んだって思うことって結構ありますよね。

ええ、数字を見せる側はできるだけポジティブな数字を見せようとしますから。逆に分析する側はそういう視点で数字を見るクセをつけることが大切です。

5

Izakaya Talk

「分析=計算」は大きな間違い

その日、木村は早々にオフィスを後にし、恋人の千春といつもの居酒屋でデートをしていました。

木村は外見に似合わず、洒落たレストランやバーなどはとても苦手です。20代後半の女性なら、居酒屋デートに不満を持つケースも多いかもしれませんが、千春はあまり気にするタイプではありません。むしろ、「楽でいい」くらいに考えていました。そんな力を抜いて付き合える心地よさも2人の関係が続いている理由の1つかもしれません。

ねぇ、ちょっと聞いてくれる？

ん？

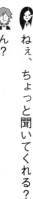

千春は自分の友人の話を始めました。なんでも、その友人が勤めている会社が経営不振に陥っているようです。原因は、1人のスタープレイヤーの離脱。そのスタープレイヤーはデータ解析を専門とし、会社でも大活躍でした。ところが突然、他の会社にヘッドハンティングされ、ポッカリ穴が空いてしまったということです。

ふ～ん、まあよくある話だよな。

本題はここからなの。その会社はちょっとした分析とか資料づくりもこの人に任せていたんだって。大したボリュームでもないのに、売上推移や傾向の分析をしてほしい、とか。

でもさ、俺みたいにそういうのが苦手な人間も多いから、それはそれでいいんじゃない？ そのスタープレイヤーもモテモテだ。

うん、私も実はそう思ったのよね。でもね……。

千春は上司とたまたまランチしたときにこの話題になったこと、その上司が千春に向けて言ったセリフを木村にそのまま説明します。

実はそのセリフが、千春には目からウロコの話だったのです。

で、その上司は千春になんて言ったの？

うん。「仕事で必要になった分析って、本来はその仕事をする本人が自分の脳ミソ使ってやるもんじゃないの？」って。

……？

私、その話を聞いてハッとしたんだよね。確かに、スーパースターがいるって企業にとっては強みよね。でも、1人の能力に依存しすぎるのってとてもリスキーなことなのかも。

……。

自分で考えられないヤツは結局ダメって言われたような気がしてね。

前から思っていたんだけどさ……。

ん？ 何？

千春って、結構仕事に真面目だよね。

それ褒めているの？ それともバカにしているの？

その問いにはすぐに答えず、木村はテーブルのサラダに箸を伸ばします。

そういえば、つい最近インターネットで、「ネットで調べることが考えることだと思っている学生が増えている」という記事を読んだことを木村は思い出していました。どうしたらいいか悩んだときに自ら考えられない人や、問題を解決する視点が身についていない人がこれから社会に溢れる……？ 木村の立場に置き換えたら、今後はさらに〝考えない〟部下が増えるということかもしれない。そんなことをぼんやり考えていました。

そういえば例の数学女子はどう？ いろいろ大変？

あ？ べっつに～。

やっぱりそういう人って分析も得意なんだろうね。複雑な計算をパパっとやったりして、理系の研究者っぽい感じ。

いや、それは違う。

え？　何が？

分析ってさ、俺も複雑な計算とか面倒な作業を机上でチマチマやるようなイメージだったんだよね。

うん、私もそう思うけど。

でも、アイツのやっていることって、何か違うんだよな。

ふ〜ん。でも数学女子なんだから私たちが知らないような理屈や公式を駆使して物事を把握していくんじゃないの？　すごく深掘りしたりして。

……いや、やっぱり違う。

……？

なんかこう……数字メインじゃないっていうか。複雑な計算なんて、ほとんどやっていないんだよな〜。アイツの態度は腹が立つけれど、説明を聞くと数学オンチな俺でもなんとかギリギリ理解できることだったりする。

千春は木村の次の言葉を待つことにしました。

こんな話題でここまで真剣な表情をすることは、これまでの木村にはあり得ないことでした。詳しくはわからないけど彼の中で何か変化があるのだろう、と千春は察しました。

う～ん、うまく言えないけど、こういうことかな。分析＝計算ではない。分析＝思考である。数字や計算は、その途中で使う「道具」にすぎない。

ど、どうしたの急に。何か人が変わっちゃったみたい。

あ～何かよくわからん！　でも、言葉で表現するとなんとなくそんな感じ。

な～んかデキる人っぽい発言ね。

それ褒めているの？　それともバカにしているの？

その質問には答えず、千春はテーブルに残っていた焼き鳥を美味しそうに頬張りました。

智香からの
ワンポイントアドバイス③

ビジネスにおいては○○単価、○○指数といった形で割り算を活用して分析していく局面はとても多いものです。そういう意味では、「割り算」を操ることができればビジネスにおける数的スキルの基礎は習得していると言ってもよいでしょう。

たとえば、ある通販化粧品ブランドの商品にはこんなキャッチコピーが使われています。

「この商品は4.5秒に1本売れています」

言うまでもなく、実数をそのまま使ったのではなく、割り算してある基準をつくり出し、それを消費者に訴求しています。皆さんがこのようなコピーを見たときには、瞬時に「どんな割り算をした結果なのか」を把握し、割り算をする前はどんな数字だったのかを探らなければなりません。そのような思考を習慣にすることが「数字に強い人」への近道です。

ちなみに先ほどの例は、**年間およそ700万本売れたことと同義**です。ご自身のイメージと近かったでしょうか？

第6章

エクセルでつくったグラフをそのまま使っていませんか？

1 「口頭の説明で十分」は本当？

プレゼン資料は意味がない？

あ〜もう、面倒くさいな〜！

株式会社ブライトストーンのオフィスにボヤキが響きます。木村はいま、来年の春夏コレクションに起用するモデルの変更を計画しています。ファッションブランドにとって、イメージを訴えるキャラクターが誰かは重要な問題。テレビのＣＭと同様、消費者はどうしてもそのキャラクターとブランドのイメージを重ねます。ファッション誌の広告も同様です。誰が着てもよいわけではなく、どのモデルに着てもらうかがとても重要なのです。
ところで、木村が何を面倒だと言っているかというと……。

どうしたんですか？

来期のモデルを変更するにあたり、部長に説明する資料をつくっているんだけどさ、俺こういうの苦手なんだよね～。エクセルでデータ集計したり、パワーポイントで資料つくったりさ。まあ人並みにはできるけど。

僕もパワーポイントは苦手ですね。いったん凝り出すとキリがないというか……。細かいところまでこだわってつくっちゃうので時間がかかります。

いや、俺が言っているのはそういうことじゃなくてさ。こんな資料つくらなくても口頭で十分なんじゃないかってこと。

木村は昔から資料づくりが苦手でした。そんなものを丁寧につくっている時間があったら、すぐに伝えるべき人物に会い、会話すれば物事は進められると信じて疑いません。実際、これまでそのようなスタンスでスピーディに仕事を進めてきたことも事実です。
しかし、今回のモデル変更は簡単に意思決定できるテーマではありません。しっかり相手に納得させるプレゼンテーションが必要になります。
すると、そばで2人の話を聞いていた奈々も会話に加わってきました。

じゃあ木村さん、どうして資料づくりなんてしているんですか～？

柴崎がやれってうるさいからだよ……もう。

ふふふ、やっぱり。

でもずっと思っていたことですけど、柴崎さんの出す資料ってすごくわかりやすいですよね。

ワタシもそう思ってた！　ああいう人だからすごく難しいことが書かれた資料をバシバシ出してくるのかと思っていたけれど、まったく逆だよね。

はい、きっと何かコツみたいなものがあるんだと思います。

フンッ、グラフや表なんて所詮は何かを説明するための補足的なものにすぎないだろう？　要は口頭でしっかり説明できればいいんだよ。

なるほど～。木村さんはトークは得意ですもんね。

ああ、あの数学オンナなんかよりもよっぽど熱くて説得力ある話ができるさ。

確かに熱量はあったほうがいいし、口頭で伝える能力も欠かせないでしょう。しかし、本当に木村の考えは正しいのでしょうか。ここまでさまざまな局面で智香のプレゼンテーションに対して納得し、意思決定を行ってきた部長の福島に対して、はたして木村はどうプレゼンテーションするのでしょうか。

そのとき、智香がデスクに戻ってきました。奈々と近藤はさっと仕事を再開。もう少し楽しい会話を続けたかった木村は小さなため息をつきます。

情熱があればプレゼンは届く？

そういえば木村さん、モデルの件っていつ部長に説明するんですか？

ああ、今日の夕方にするよ。

そうですか。ちなみにどんな変更になるんですか？

お、よくぞ聞いてくれた。柴崎は20代後半の女性に支持されているファッションモデルが誰かって知っているか？

いいえ。

得意気に木村が話し始めます。

オレの学生時代の後輩に広告会社に勤めているヤツがいてな。こっそり教えてもらったわけよ。まあこのくらいのデータならいいですよって。あらかじめ俺が6人の候補を挙げていたんだが、その中で今回、俺は「重原ユリ」がベストだと判断した！　だって超かわいいし、女性からの支持も高いことが数字で証明されている。

……。

さらに！　俺たちと同じ20代後半がメインターゲットなブランドは外国人をイメー

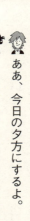

ジキャラクターとして使っているブランドもあれば、日本人を使っているブランドもあるんだが、調べてみると日本人のほうが圧倒的に多いんだ。しかもだ、俺たちの競合ブランドにも、いま、外国人モデルから日本人モデルにスイッチしているブランドがいくつかあるらしい。どうだ？　こりゃもう俺たちも日本人モデルにスイッチしなきゃマズイだろう!?

智香の視線が途中から自分に向けられていないことに、木村はまったく気付いていませんでした。

……終わりましたか？

あ？

演説はもう終わりましたか？

（カチン）なんだその言い方は。ちゃんと聞いていたか？

ええまあ。所感としては、部長がいろいろ質問してくるかもしれないなってことくらいです。

ああ、まあそんなのはいつも通りだ。

……。

どうせ「数字」が入った資料じゃないとダメとか思っているんだろう？　ちゃんとやってるよ（……まだ完成してないけど）。口頭で熱く説明するし、資料もバッチリ見せるんだから、問題なし！

智香は別件があるため、夕方の会議は欠席です。木村は智香が不在のほうがやりやすいと思っている様子。今回は妙に自信満々です。

そうですか。ではよろしくお願いします。ちなみに1つだけお耳に入れておきますが、今日は部長、お忙しいみたいですよ。

この助言の本当の意味を、このときの木村は理解できていませんでした。

2 失敗プレゼンの典型的なパターン

メッセージが伝わらない資料

その日の夕方、木村はモデルの件に合意してもらおうと、福島を呼び止めました。

おおっ！　その話は今日だったか。すぐに行くから会議室で待っていてくれ。

わっかりました～！

しかし会議室で待つこと5分、未だ福島は現れません。

営業の統括だけではなく、さまざまな部門の仕事を兼務している福島は、日々多忙です。

ファッション業界でのキャリアの積み方は多種多様……いわゆるマネジメントとして幅広い仕事をしていくのか、販売員、デザイナー、広報、などといった特定の分野のプロフェッショナルとして生きていくのか。

「自分はどっちのタイプなのかな」と、あくびをしながら木村がぼんやり考えているところに、ようやく福島が息を切らして会議室に入ってきました。

いや〜すまん。何だかいろいろバタバタしていてな。

いいえ、じゃあ説明します。来期イメージキャラクターとして起用するモデルをどうするかという件です。

ああ、頼む。

そう言いながら福島がチラリと腕時計に目をやります。

木村は紙1枚の資料を取り出します。文句を言いながらも結局はつくったものです。そこに入っているのは3つのグラフだけ。複数の決定事項がある大きな会議でなければ、説

[図6-1]　20代女性の年齢別好感度（ファッションモデル）

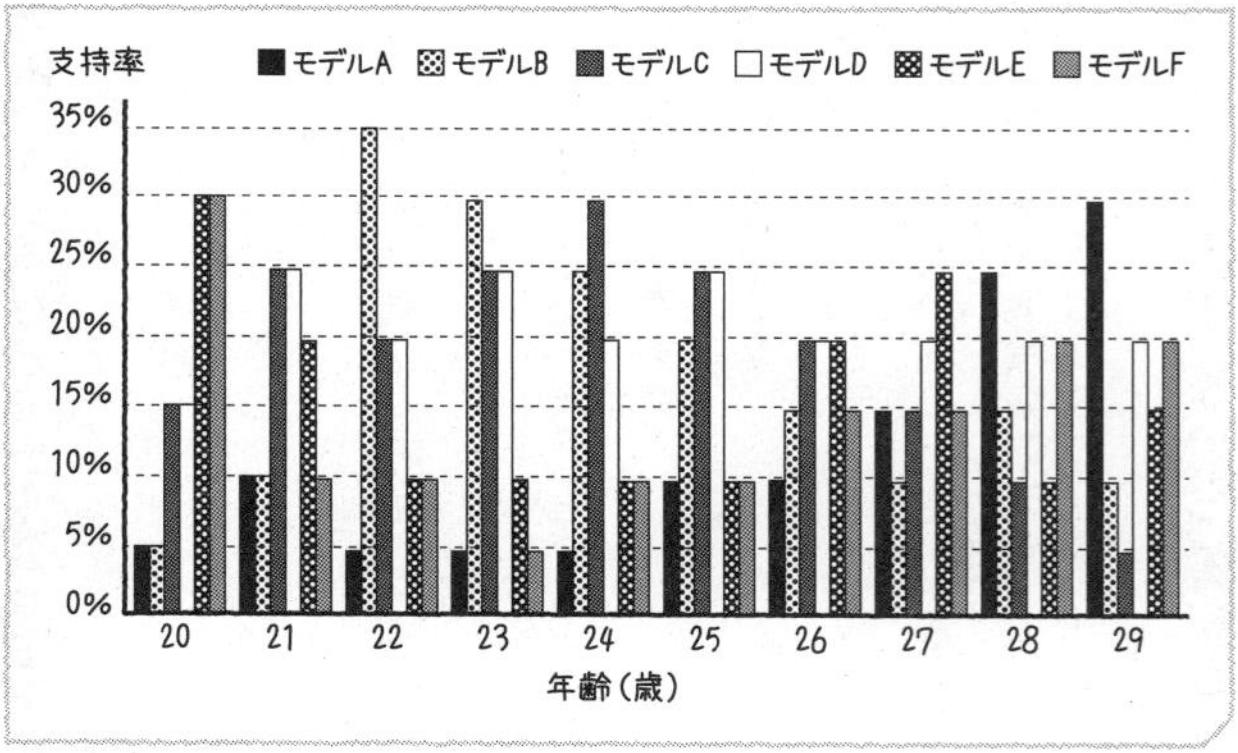

明資料は紙1枚で十分だという智香のアドバイス（指導？）を実践していました。

学生時代の後輩に広告会社に勤めているヤツがいて、頼み込んだところ情報をもらえました。最初のグラフをご覧いただければわかると思いますが、私たちのターゲットである20代後半はモデルDの好感度が高い。だから今後はこのモデルを起用するべきです。ちなみにモデルDとは、あの重原ユリです！

すまんが、なんだかわかりにくいグラフだな。29歳でモデルAが飛び出ているけどなぜAじゃダメなの？　それに

年齢はズレるけどモデルBやモデルCも好感度がすごく高いんだな。こっちはダメなの？

いえ、私たちのターゲットは20代後半が中心ですからそこだけ見てもらえればいいんですよ……。

その前に1つ質問。そもそもなぜモデルを変える必要がある？　いま使っている外国人モデルじゃダメなのか。

はい、昨今では日本人モデルを起用したほうが認知度やロイヤリティが高くなる傾向にあるようです。

何か根拠はある？

はい、俺たちの競合であるブランドXとYのデータを持ってきました。

これはいったい何のデータだ？

インターネット検索数です。人気や知名度を測る指標としてわかりやすいかと……。

木村なりに、数字のないところからコストをかけずに根拠となる数字を探してきたよう

[図6-2]　競合ブランドXとYのブランド名でのインターネット検索数

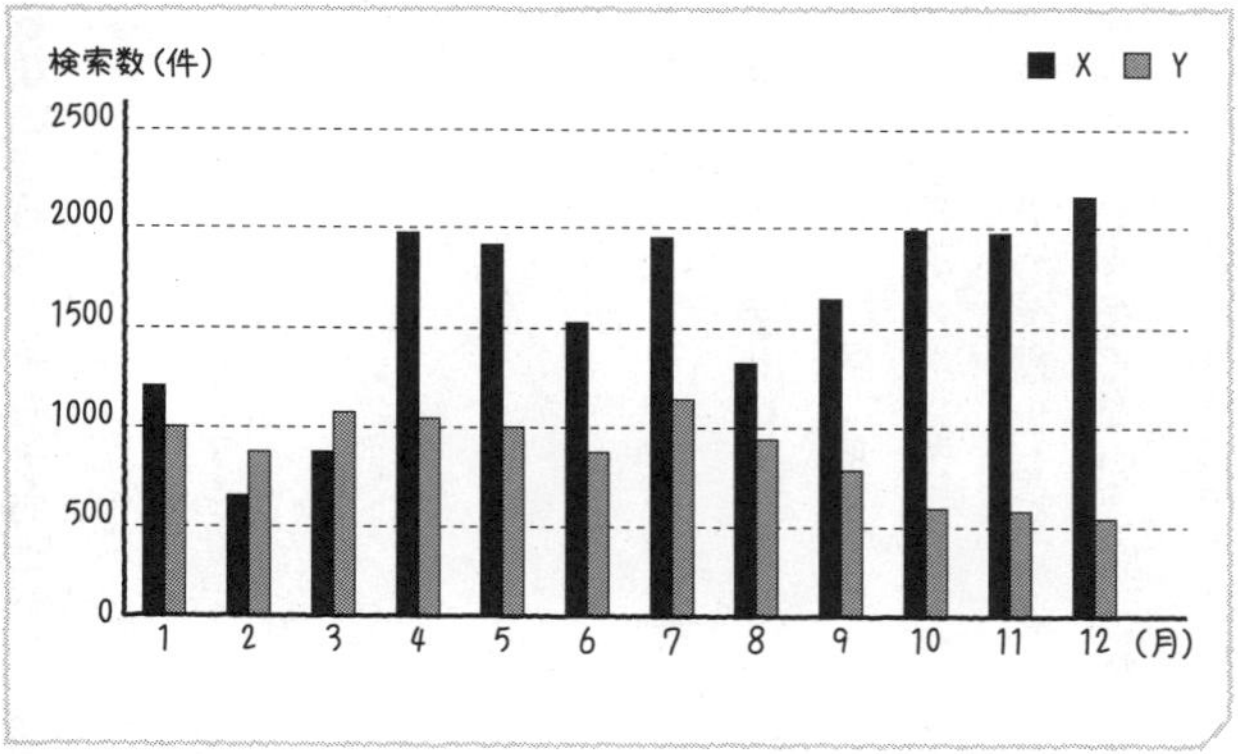

です。確かに認知度が高ければ高いほどブランド名での検索数は多くなると想定されますから、このアプローチは悪くなさそうです。

福島がチラリと腕時計に目をやりますが、資料の説明のことで頭がいっぱいの木村はそれには気付きません。

なるほど、で？

Xは4月に大きく数字が伸びていますが、なんと驚くべきことに実はこのタイミングでカタログや広告で使うモデルを外国人から日本人に変えているんです！

いや、でもさ。それだけが理由とは限

らないだろう。そもそもモデルを変えることよりも私たちのブランドにとって大切な仕事はたくさんあるんじゃないのかな。

いいえ、モデルはとても重要な位置付けです。こんなデータもあります。

木村は資料に入れた3番目のグラフを指差しました。

これは？

ファッションブランドを想起させるものは何かを調査した一般的なデータです。とあるリサーチ会社のサイトから引っ張ってきました。ファッションブランドを想起させるものは、実は商品でもなければ店頭ディスプレイでもなく、販売員でもなく、ご覧の通りイメージキャラクターにしたモデルが圧倒的に多いんです。

まあなんとなく想像はつくよ。でもこのデータによれば店頭の影響度も16％もあるから無視できなくないか？　私たちの戦略としては、有名モデルに頼らずにそちらのほうでよいイメージをつくっていくほうが重要だという考え方はないのかな。

［図6-3］ ファッションブランドを想起させるものは？

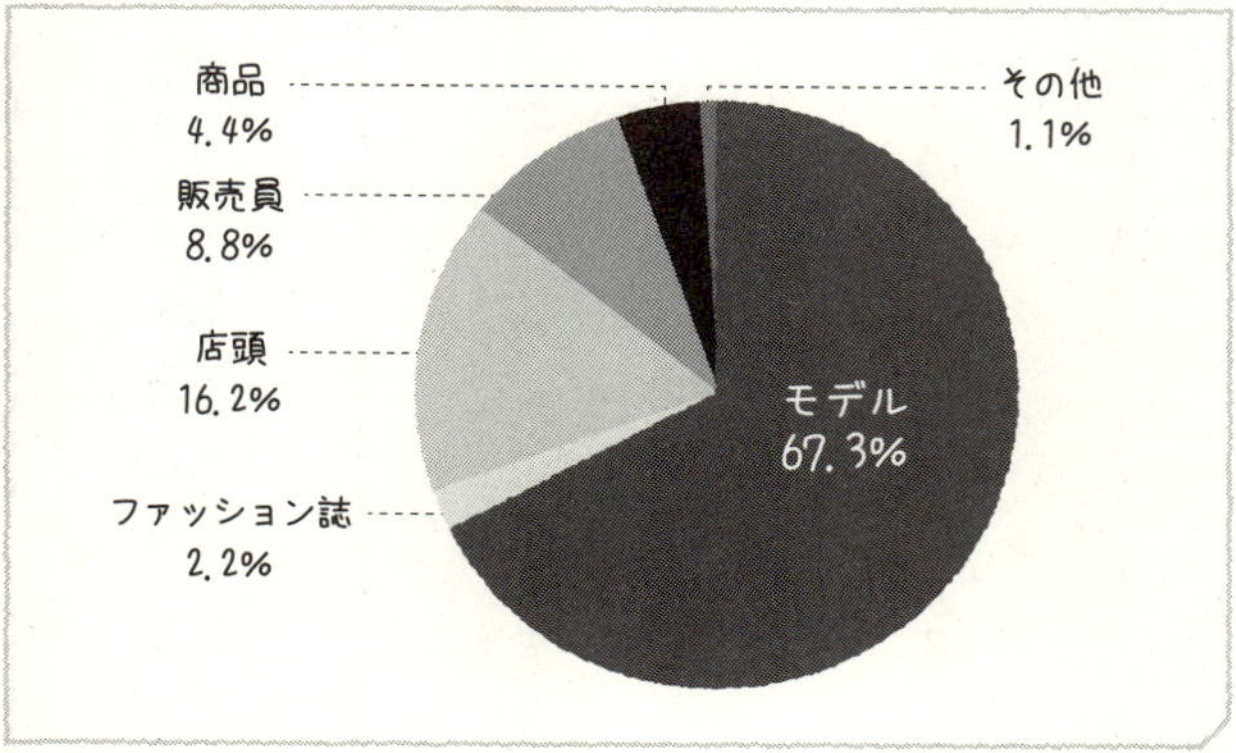

まあ確かに、それも否定はできませんが……。

すまん、このあと打ち合わせなのでまた今度にしてくれ。なんかモヤモヤしているから私も考えを整理しておくよ。

3 悪いのは相手ではなく「あなた」

意思決定する相手のことを考える

翌朝、出社した木村は明らかに不機嫌でした。無言で席に座り、パソコンを起動させます。隣で作業をしていた智香が顔をパソコンに向けたまま、木村に尋ねます。

モデルの件、ＯＫ出ましたか？　……木村さん？

智香の問いに返事をしなかった木村が、次の瞬間、堰《せき》を切ったように一方的に話をし始めます。昨夜から相当イライラを溜め込んでいたようです。

あのさ、上司って部下の話を聞いて意思決定するのが仕事だよな？　なのに何だよ。時間には遅れるし、結果として話す時間は短くなっちゃったし、俺の説明に対しても重箱の隅をつつくような指摘ばかりする。どう考えたって日本人モデルにチェンジすべきなのに。ファッション業界にいて少し仕事をすれば、こんなことくらいわかりそうなもんだ。そもそも、上司にファッションの感性がないのが問題なんだよ！　話も通じないし、無駄な会話や資料が必要になるし……。

……。

智香は何も言わず、木村をジッと見つめています。その眉間に少しだけ皺が寄っているのを見て、木村はいま自分が言ったことを反芻します。俺は間違っているか？　いや、間違っていない。そうだよな、数学オンナ？

木村さん、違います。

え？　何だ、また偉そうに。

いま木村さんが言ったこと、すべて間違っています。

……!?

智香はクルッと椅子を動かし、木村の正面を向きました。その表情は明らかに「怒り」を表しています。智香がこんな表情をするのは、この会社に来てから初めてです。

3つあります。まず1つ目。上司は常に時間がないものです。それを見越して、仕事は計画しなければなりません。私、木村さんに言いましたよね？「今日は部長、お忙しいみたいですよ」と。

……。

2つ目。重箱の隅をつつくようなことを言うのは当たり前。それが上司です。そしてそれは、木村さんのためでもなければ部長自身のためでもありません。誤った判断をすることで、社員が悲しい思いをしないための確認作業なのです。

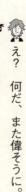

……。

3つ目。ファッションのことを知らない上司を否定されましたが、では木村さんは福島部長が普段どんな仕事をされているか、すべて把握していますか？

……。

ファッションの会社だから、誰もがファッションに明るくなければならないなんて考えは、木村さんのエゴです。仮にこの会社で一番ファッションに精通しているのが木村さんで、他の人にはない知識やスキルを持っているのなら、それを持っていない人にいかに理解させるかが大切じゃないですか。伝わりにくいことをわかりやすく伝えて納得してもらうことが優れたプレゼンテーションです。

プライドの高い木村も、これにはさすがに何も言い返すことができませんでした。どう考えても、智香の考えがビジネスにおいては正解。これからリーダーとして会社を引っ張り、マネジメントをする立場になっていく可能性があるにもかかわらず、木村にはその視点が抜けていました。少しお灸を据えられても仕方がないでしょう。

つまり……。

悪いのは部長ではなく、木村さんです。

ったく……随分ダイレクトな表現だこと。

でも全否定しているわけではありません。今回はあくまでプレゼンテーションの仕方が悪かっただけです。

わかったよ！　じゃあ、どうすればよかったんだ？

プレゼンの最中に部長に言われた言葉で印象に残っているものはありますか？

少し考え、木村は2つの言葉を挙げました。最初のグラフを見せたときに言われた「わかりにくいグラフだな」という言葉と、進行を妨げられたような印象を受けた「その前に1つ質問がある」という言葉。何度か「そもそも」なんて表現も福島は使っていました。

［図6-4］ 福島部長の発言からわかること

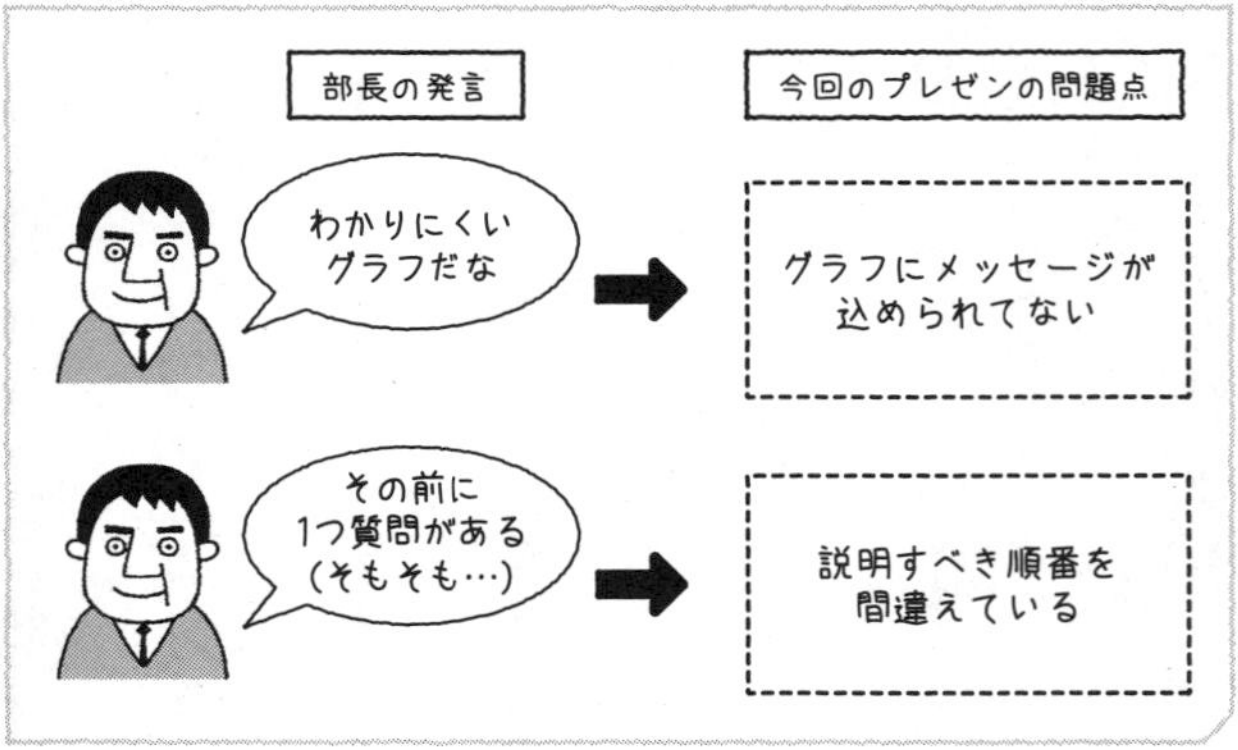

なるほど、木村さんはだから仕事が遅いんですよ。

（カチン）……おい、よくもまあそこまで言えるもんだな。

木村さんのプレゼンの悪かった点はおそらくこの2点です。

智香は裏紙を使って簡単なメモを書き、木村に見せました。

4 そのグラフで伝えたいメッセージは何か？

グラフで伝えたいメッセージを考える

まず智香は原点から確認することにしました。プレゼンテーションとは誰のためにするものなのか、心のベクトルはどこに向いていなければならないのか。

この2つの問題点に共通することって何だと思いますか？

……サッパリわからん。

すると、ずっと2人の対話を聞いていた奈々が覗き込みます。近藤もチラリとこちらを

見ています。

上手な表現が見つからないし、間違っているかもしれないけれど……。

はい、島田さんどうぞ。

……相手に優しくない、みたいな。なんとなくそんな感じ？

いいですね、とてもよい視点だと思います。

プレゼンとは自己満足のためにするものではありません。相手が知るべき情報を、相手にとってわかりやすく、相手のためを思って伝える行為です。だとするならば、今回の木村のプレゼンは、相手にとって優しいものではなかったと言えるかもしれません。

最初の問題点である、グラフについて。木村さんは今回の部長への説明にどんなグラフを使ったんですか？

ああ、最初はこれだ。

［図6-5］ 20代女性の年齢別好感度（ファッションモデル）

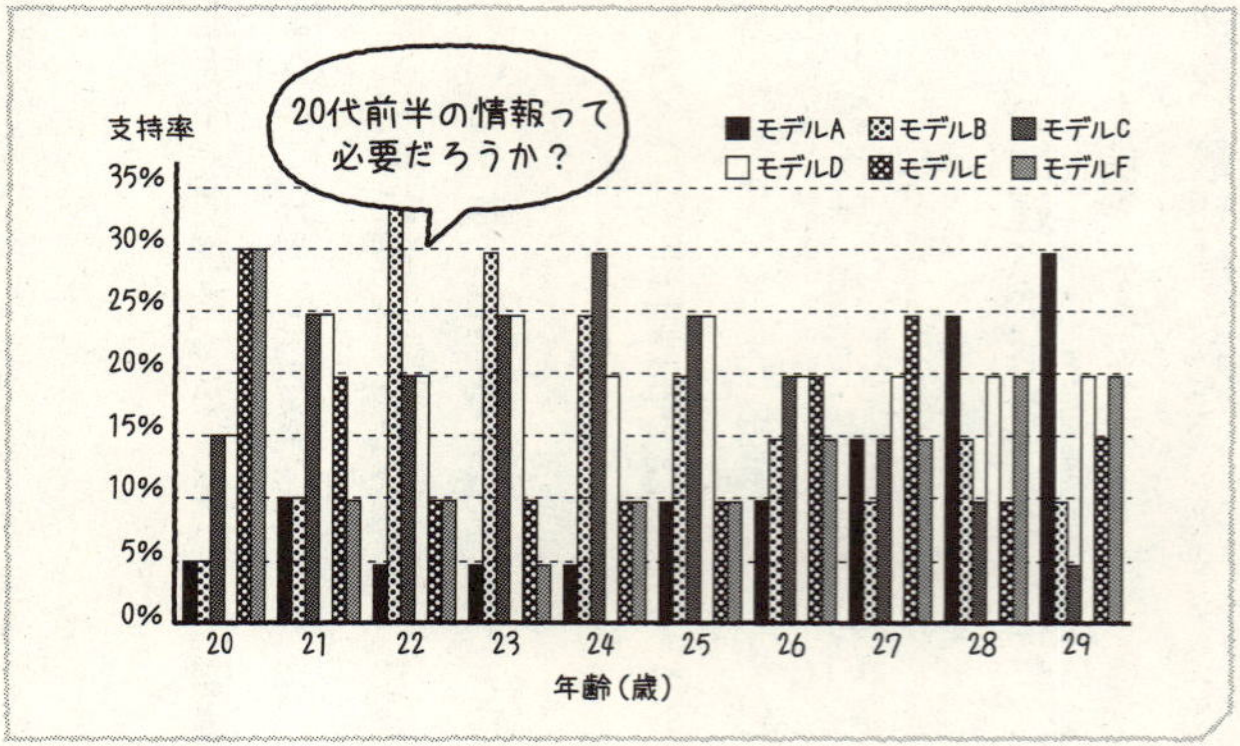

皆さん、このグラフを見てどんなメッセージを受け取りますか？

メッセージ？

……。

そうなんです。このグラフを見せられても、何が言いたいのかがまったく伝わらない。いろんな解釈ができてしまうグラフです。情報が多すぎて、相手は何を見ればよいのかわからないでしょうね。

でもさ、口頭で説明するわけだから別にこれでもいいんじゃ……？

ではうかがいますが、口頭で説明するんだったら、なぜグラフなんて使う必要があるんでしょうか。

「それは柴崎が使えと口うるさく言ったからだ！」という言い訳をグッと飲み込み、少し考えた木村はこう切り返します。

そりゃグラフがないよりはあったほうが伝わりやすくなるからだろ。

なるほど。ではうかがいますが、今回のこのグラフは、あったほうが木村さんの伝えたいことが伝わりやすくなるものなのでしょうか？

それは……。

ハッキリ言いますね。エクセルでつくったグラフをそのまま資料に貼り付けているとしたら、そのやり方はただの怠慢。何も考えずに単なる作業をしているだけです。

木村は痛いところを突かれてしまいました。これまでどんなグラフで見せたらよいかという視点はまったく持っておらず、智香の言う通りエクセルでつくったグラフをそのまま貼り付けることがほとんどだったからです。

20代後半のことについて説明したいのであれば、そこだけに絞って数字を見せるなり、グラフを見せるなりするべきです。そうでないと、相手の目線や思考が他の数字に影響されてしまい、余計な会話を生む原因になりますから。

ひと言で言うなら、余計な数字は見せるなってことですか。

その通りです。その考え方を持つと、3番目に出した円グラフも改善できます。

これはどんなグラフがいいんですか？

木村さん、このグラフで伝えたいメッセージは何ですか？

そりゃもちろん、ファッションブランドを想起させるものの約70%を「モデル」が占めるってことだよ。

それ以外は……？

ない。

だったら、余計な数字は見せなくてもよいのでは？

[図6-6] ファッションブランドを想起させるものは？

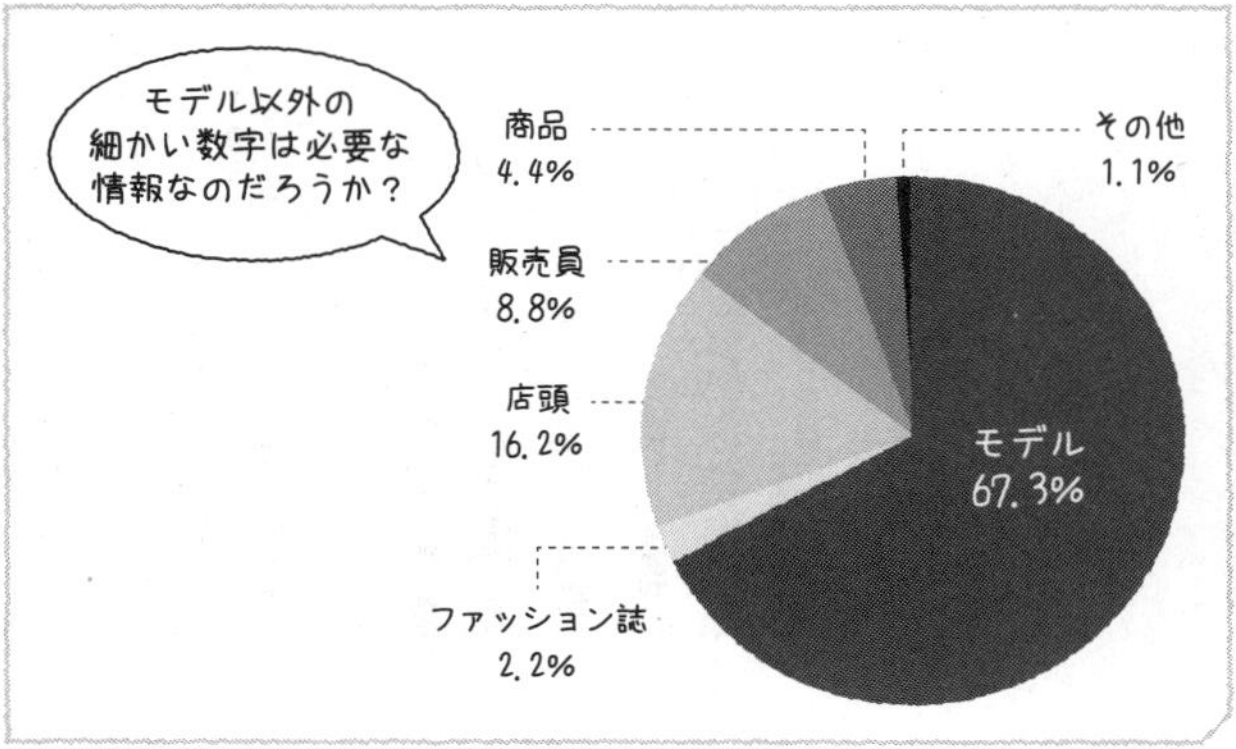

なるほど、そうか。確かにこのグラフを見せたとき、部長はすぐに「店頭」の16%についてツッコんできたな。

何か情報があればツッコむ。それが上司の仕事ですから。でも、そのツッコミがもし本質的なものではないという確証が木村さんにあるならば、あえて見せる必要はないと思いませんか？

プレゼンは相手のことを考えて組み立てるべきだという主張の根拠がここにあります。必要なツッコミはぜひしてもらうべきです。でも、本来不要なツッコミを相手に「させている」としたら、それはツッコむ相手が

［図6-7］　競合ブランドXとYのブランド名でのインターネット検索数

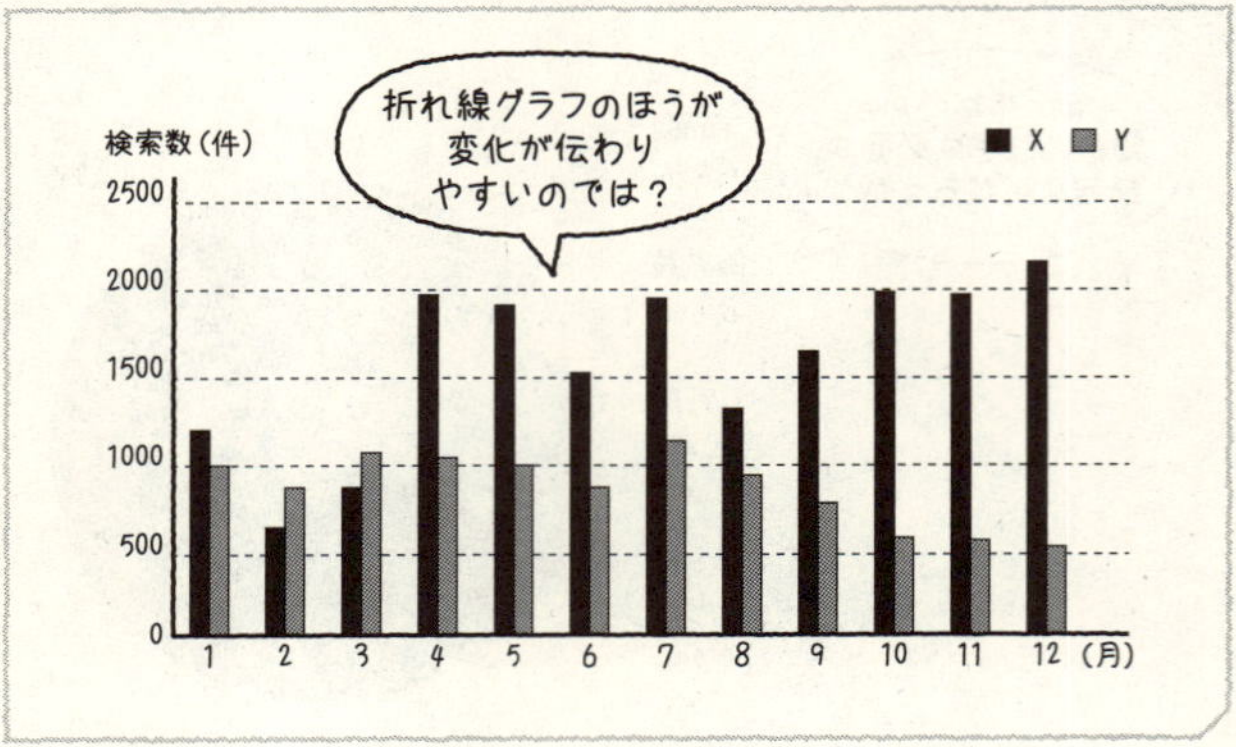

悪いのではなく、プレゼンテーションの仕方に問題があるからなのです。木村はようやくそのことに気付きました。

それから2番目のグラフですけれど。

あ？　これも問題があるのか？

また同じ質問です。このグラフで伝えたいメッセージは何でしょうか。

ここでは2つだな。Xが4月にドンと大きく数字が跳ね、一方のYは7月以降、秋の実売期にもかかわらず、ゆるやかに減少していることかな。

変化や推移を表現したければ、折れ線グラフを使うのが一般的ですし、視覚的にもわかりやすいですよ。

そうなのか？　普段あまり棒グラフと折れ線グラフの使い分けなんて考えたことなかったけど。

要するに、この場合はどんなグラフを使ったら伝わりやすいかなという視点を持つだけでいいのです。

5 数字は見せる順番で効果が決まる

数字やグラフを見せる順番まで気を遣おう

グラフの使い方に関する智香のレクチャーは、きわめて基本的であり、当然「すべき」ことではあります。ところが一方で、日々仕事に忙殺されているビジネスパーソンには普段なかなか意識して実践できないテーマでもあるのです。しかし、その「相手を想う」ちょっとしたひと手間がプレゼンテーションの成否に大きく影響することも事実。今回の智香のレクチャーで、営業部員もその認識を強く持てたようです。

柴崎さん、グラフの留意点はよくわかりましたが、2つ目の問題点についてはどう

でしょうか？

はい、説明するべき順番についてですね。

順番なんてま〜ったく考えていなかったけどな。

偉そうに言わないでください（笑）。

智香が着目したのは、福島の「その前に1つ質問がある」という言葉でした。このように発言するということは、何らかの疑問が解消されないまま説明が前に進んでいることを意味しています。その何らかの疑問をプレゼンターはスルーしているということになりますから、大いに問題と考えられます。

その質問ってやつが、「そもそも、なぜモデルを変える必要があるのか？」だった。

まあそうでしょうね。私でもそう思います。つまり、木村さんはまずこの疑問を解消するような数字やグラフを見せてから、説明をする必要があったということです。

だからそれは外国人ではなくて日本人……。

違います。

ん？　何が違うんだよ？

外国人か日本人かを議論したいのなら、その前に相手の腹に落とさないといけないことがあるはずです。

……？

次の瞬間、近藤と奈々がほぼ同時に声をあげました。

もしかして……。

ひょっとして……。

どうやらこの2人は気付いたようです。そう、外国人から日本人のモデルにシフトするか否かという議論をするためには……。

モデルの存在がワタシたちのビジネスにおいていかに大きな影響力を持つのかをまず説明する！

隣で近藤が頷いています。智香も微笑みながら小さく頷きました。智香は別の裏紙を使い、手慣れた手つきで図を描いていきます。

これは簡単な数学の「集合論」で説明がつきます。

出た、また数学……。

ご心配なく。とても簡単な話です。よろしいでしょうか。モデルを職業にしている人の集合をイメージで描いてみました。まず大きくモデル全体という集合があり、それは外国人と日本人の2つに分けることができます。さらに、木村さんイチオシの重原ユリさんは日本人モデルの集合に属しています。

ああ。

日本人モデルの重原ユリさんを起用したいと伝えたいのならば、①モデルの選定が

[図6-8] 情報が効果的に伝わる順番は？

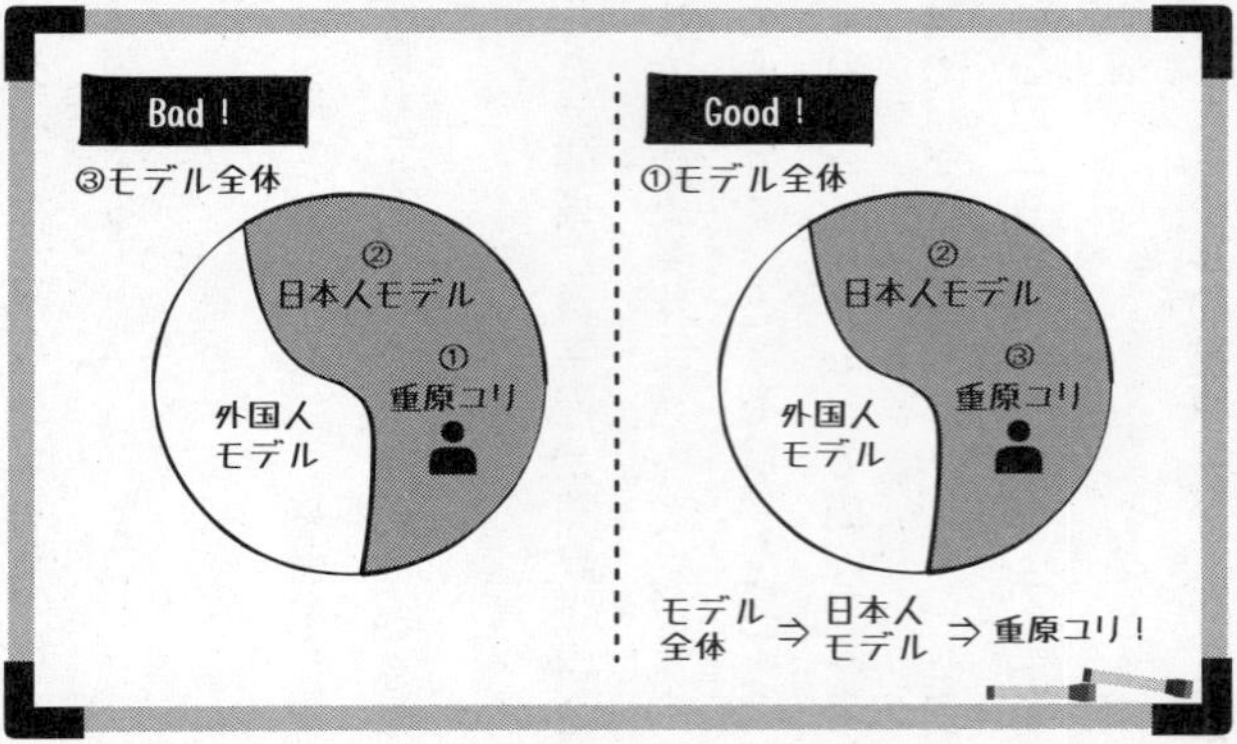

重要であること、②そのうち日本人が外国人より妥当であること、③その中で重原さんが妥当であること、その順で説明すべきですよね。

確かにそうですね。

智香は自らが描いた図に数字で順番を書き込んでいきます。

そうか、今回俺がやった説明は……。

その真逆をやっていたということになります。だから、「その前に質問がある」なんてツッコミが入ってしまうのです。いきなり重原ユリさんにすべきだと主張されても、「何でいまと同じ外国人モデルじゃダメなんだ?」と質問されてしまうのは論理的に考えて当然なのです。相手に質問をさせてしまう流れに自らがしていたということですね。

確かに……。いま思えば、会話の流れが部長からの質問を俺が受けるような感じになっていたな。それじゃ、相手を納得させるプレゼンはできないってことか……。

そうです。なんとなく想像できると思いますが、いったんツッコミモードになってしまうと、人はすごく細かいところまで指摘したくなるものです。そうさせてはいけないんですよね。

数字は疑問を持たせない流れで見せる

木村が自ら発言したように、今回のプレゼンはいつの間にか、福島の頭に浮かんだ疑問が投げられ、それに対して木村が説明していく流れになっていました。相手を説得しなければならないプレゼンにおいて、これはまさに後手を踏んでいると言わざるを得ません。

ただし、結論も最後まで大切にとっておく必要はありません。結論は最初に伝え、その根拠の説明の流れは、相手に疑問を抱かせない順番で行うべきでしょう。

柴崎さん、ということは結論としては僕たちは何かをプレゼンテーションする際、どんなことに気を付ければいいんでしょうか？

はい、短時間でプレゼンを終わらせるコツは、相手に余計な質問をさせないことです。具体的にすべきことは2つあって、数字やグラフは必要なものだけ見せ、説明する順序にも気を配ること。あと、言うまでもないことですが、結論ファーストで。

なるほど、ありがとうございます。

は～い、勉強になりました～♪

フン！

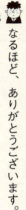

6 5分間で終わるプレゼンテーション

同じ数字でも見せ方で相手の納得感が変わる

 部長、ちょっとよろしいでしょうか。

 ああ、昨日は悪かったな。時間がなくて。

 いま、5分だけ時間をもらえませんか。昨日の件、コンパクトに説明し直します。

 5分か……OK。会議室行こうか。

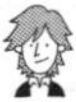 いいえ、もうこの場で大丈夫です。

[図6-9]　ファッションブランドを想起させるものは？

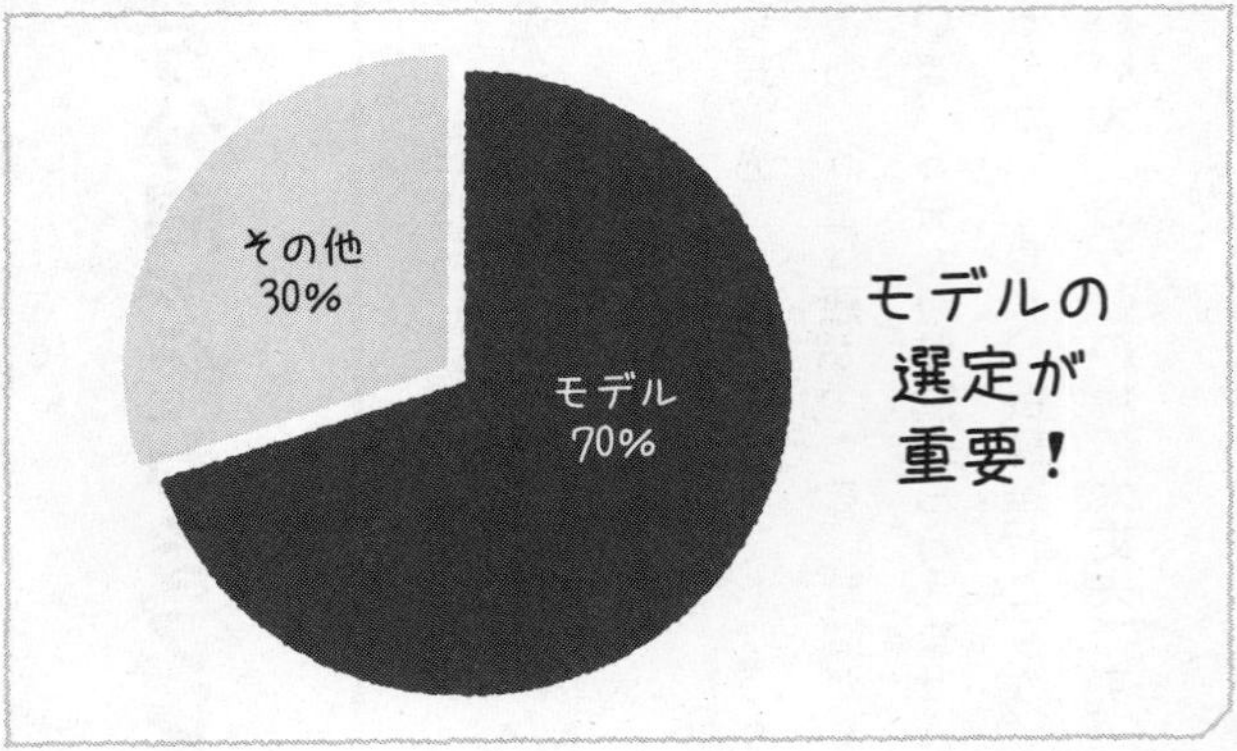

木村は前回と同様（でも内容はガラリと変わった）、紙1枚の資料を福島に手渡します。

結論から言うと、来期からカタログに使用するモデルを重原ユリに変えます。

昨日も言っていたね。そもそもなぜモデルを変えなきゃいけないの？

はい、変えないとダメです。ご存じの通り、まずモデルというのはファッションブランドを想起させたり、イメージを決めるとても大切な要素です。このように（図6－9）一般的なデータでもそれは証明されています。

まあそうだね（……でもなんでいまの

[図6-10] 競合ブランドXとYのブランド名でのインターネット検索数

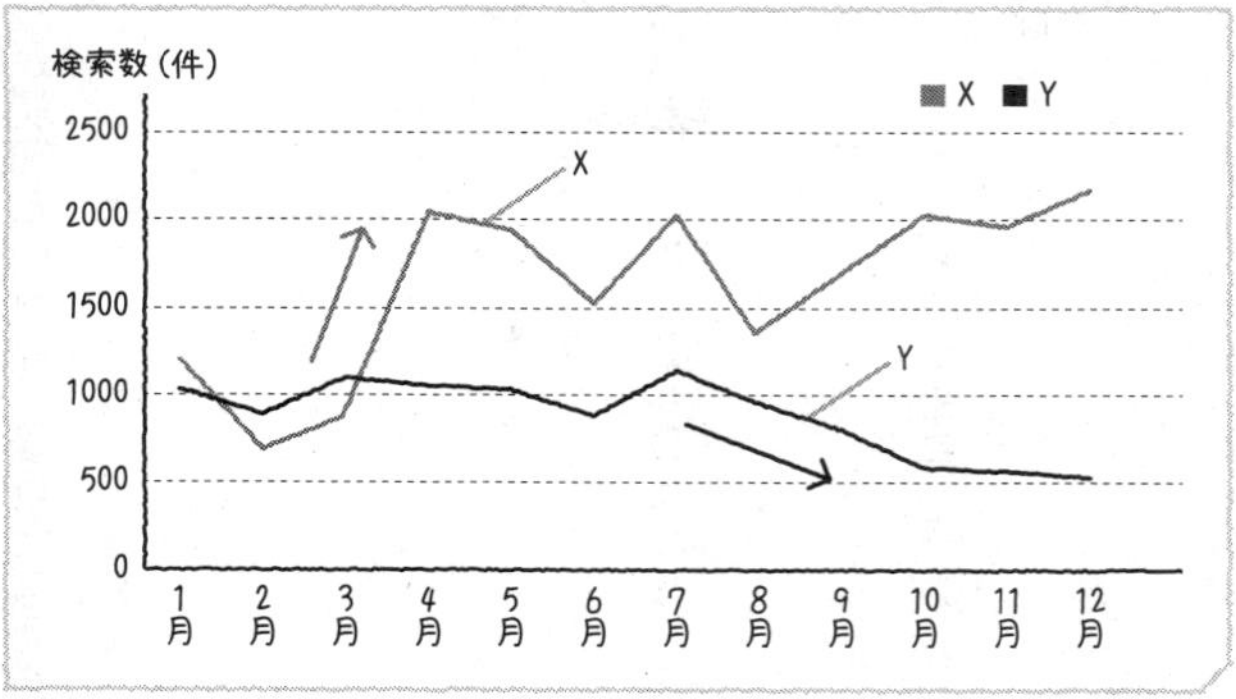

外国人じゃダメなの？）。

そこで競合ブランドの動向を調べてみると、外国人と日本人のスイッチによって変化が起きています。具体的にはこのグラフ（図6－10）で説明します。このグラフはインターネットにおける競合2ブランドに関する、ブランド名の検索数の推移です。Xは4月に外国人モデルから有名な日本人モデルにチェンジしています。一方、Yは7月に日本人モデルから外国人モデルにスイッチしたのですが、本来上がってくるべき秋の実売期に数値が低迷しています。

つまり、想起しやすい日本人モデルの

ほうが認知という点で優位と考えられます。

ふむ……（だからと言って日本人だったら誰でもいいってわけにはいかないが？）。

そこで問題は変えるならモデルは誰がよいのかということですが、こちらのデータ（図6-11）で説明します。私たちのターゲットである20代後半においては、モデルAとモデルDが適当です。相違はより年齢の高いほうが支持が高いAと万遍《まんべん》なく支持を受けるDという点です。考え方はいろいろありますが、万遍なく高い支持があるDを選ぶのがリスクも低く妥当です。

なるほど、このモデルDがつまり重原ユリだということだな？

そうです。

大枠は理解した。じゃあその方向で進めてまた報告してくれ。最終的には社長の決裁も必要だから、いま見せてくれたデータの裏付けやヌケモレがないか、しっかり確認してくれ。

わかりました。

なんだかいつもの木村っぽくないな。まあいい意味でだけどな。

[図6-11]　27～29歳　年齢別好感度（ファッションモデル）

		モデル						
		A	B	C	D	E	F	
調査対象	27歳	15%	10%	15%	20%	25%	15%	100%
	28歳	25%	15%	10%	20%	10%	20%	100%
	29歳	30%	10%	5%	20%	15%	20%	100%
	総合	23.3%	11.7%	10.0%	20.0%	16.7%	18.3%	100%

あ……。

木村が変わるということは、すなわちこの会社が変わると言うことでもある。

……？

おっと、次の会議だ。じゃ、頼むよ。

誰も長く続く会議なんて望んでいません。誰も意思決定にじっくり時間をかけたいなどとは思っていません。だからこそ、プレゼンテーションする側のほんのひと工夫は、自分だけではなく、相手の時間をも大切にする行為と言えます。

そしてそれは、会社全体の仕事をスムーズに進めることにもつながるのです。

7
Izakaya Talk

仕事の遅い人は数字の扱い方でわかる

その日の20時半過ぎ、木村はいつもの居酒屋にいました。もちろん、千春も一緒です。

ねぇ、ちょっと聞いてくれる？

ん？ おったの？（どうしたの？）

その瞬間、肉じゃがを頬張りすぎてモゴモゴしていた木村は、まるで子供のようです。
実はこんな姿を見ている瞬間が千春にとっては心休まる時間だったりするのですが。

まさかいないだろうなと思っていたら、いたのよ！

ん？　何が？

数学オトコ。

木村の箸が一瞬止まります。あまり面白くなさそうな話だなと思った木村はまたせっせと肉じゃがに手を伸ばします。話半分に聞いていたほうがよさそうだという木村の心の中までは、千春は察することができません。

ふ～ん、千春の職場に？

そうなのよ！　部署は違うんだけどね。なんでも学生時代は数学専攻。前の会社ではマーケティングをやっていたとかで、ここ最近ウチの会社に。で、いまは経営企画室ってところにいるらしいんだけどね。

ふ～ん、その経営企画室の数学オトコがどうかしたの？

どうしたも何も、会議に使う資料の内容がわかりにくくて困るのよ！

今度は木村の箸がピタリと止まりました。

数学オトコがつくる資料ってことは、なんだか難しいことがたくさん書かれているってことか？

そうなの。経営分析だか市場分析だか知らないけれど、〇〇理論だの△△の法則だのいろいろとネタを持ち出してきて、さも複雑なことを俺様は細かく分析していますよって感じなのよね。

で、周囲の反応はどうなの？

そりゃみんな「ポカーン」って感じよ。でも、そんなのお構いなしなの。ああいう人ってホントにいるのね。

珍しく千春は少々ご立腹のようです。木村はしばらく聞き役に徹することに決めました。

それは大変だったね。その会議、ストレスが溜まっただろ。

ええ、そりゃもう途中からイライラしちゃったわよ。でね、そのときに思ったのよね。いくら学問の数学やいろんな難しい理論を勉強した頭のいい人だとしても、その人が必ずしも仕事がデキる人だとは限らないんだって。

どういうこと？

最近、気付いたことがあるの。理屈ばっかり頭に入っているタイプってさ、意外と資料づくりとか下手よね。あとね、話が難しくて長いのもそういうタイプ。

……？

まあ、あくまでも私の主観。偏見かもしれないけど。

木村は少しずつ話に興味を持ち始めていました。智香はまさに「理屈ばっかり頭に入っているタイプ」だ。しかし、使う資料はとてもわかりやすいし、その説明もド文系な木村でもギリギリ理解できるくらいわかりやすい。

主観だとしても、そう言うからには何か理由があるんだろ？

うーん、そうね。ものすごくシンプルにして言うと、「for you」じゃなくて「for me」って感じかな。

それはつまり……自己中心的だってこと？

そうね、何でも〝俺が〟な人が多い気がする。自分の知識や考えが正しいことを説明するために資料を出したり、会議で発言したり。だからつくる資料は難しいし、出すデータ量も多いし、発言も難しい言葉を使って、ダラダラ演説のように話している。ちっとも相手のことを考えていない気がするのよね。実際、数字をバシバシ使っているのはよくわかるけれど、聞いているこっちはなんか腑に落ちない感じがして……モヤモヤした気分。

木村は黙って聞いています。内容自体が今日、会社で営業部メンバーと話していたことにとても近いものだったからです。業種・年齢・性別……そんなものはいっさい関係なく、やはりプレゼンテーションに必要なものというのは共通しているのかもしれません。

アルコールも手伝い、千春はいつもより饒舌になっていました。

でね、そんなこと考えながらさっき本屋に立ち寄ったのよ。そうしたらさ、ビビッとくるタイトルのビジネス書があってね～。

仕事が遅い人は、数字の扱い方でわかる

「やっぱりそうなんだ！」って、嬉しくなっちゃってつい買っちゃった。だって実際ウチの数学オトコ、頭はいいのかもしれないけど、仕事はなかなか進んでいないのよね。

関係ないのかもしれないな。

え？

俺たちってさ、みんな無意識に文系・理系ってカテゴライズするよな。でもさ、結局ビジネスで必要な数学って、もっとずっとベーシックなものなんじゃないかって。

……。

学生時代の数学の成績とか、文系なのか理系なのかなんて、実は関係ないのかもしれないな。

へぇ〜。結構まともなこと言うじゃん。

あ？　バカにしてるの？

ううん、感心しているの。

……？

意味深な笑顔を見せて、千春は飲み物を追加オーダーしました。随分と今夜はお酒が進むようです。千春は購入したビジネス書をそっと鞄の中に戻します。実はこの本の帯に書かれているキャッチコピーには、こんな言葉が使われていたのです。

学生時代の文系・理系は実は関係ない！

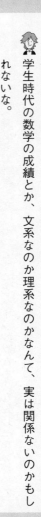

智香からの
ワンポイントアドバイス④

プレゼンテーションの資料はできるだけ余計な数字は見せず、グラフもメッセージが伝わるように究極まで情報を減らすべきだと本編でレクチャーしました。

しかしながら、皆さんはこのような疑問を持ちませんでしたか？

「細かい数字やグラフから省いた部分のデータを知りたい相手がいるかもしれないじゃないか。もし実際にそういう相手がいて、質問でもされたらどうするんだ？」

確かにその可能性はあります。でもその対策はとっても簡単です。

①プレゼンテーションの資料は究極までシンプルに
②細かい数字は手元にデータで持っておく

これで思いがけず出た質問にも対応できるでしょう。あなたがそのプレゼンテーションで伝えたいことが本当に正しいことならば、見せる数字が少ないことは決して「悪」ではありません。

細かい数字は、求められたときだけ、必要なだけ、後から提示すればよいのです。

終章

数字のチカラが仕事を変える

BRIGHTSTONE

1 75％のコストカットができる方法

コスト削減＆売上ＵＰキャンペーン！

10月を迎え、株式会社ブライトストーンは年始までとても忙しい時期を迎えます。その理由は３つ。まず１つ目は、秋の実売期真っただ中。「いま秋冬物を売らないでいつ売るんだ！」と木村が各店舗のスタッフに発破をかけるのがこの時期。春夏物に比べて重衣料が多いこの季節は、１年でもっとも高い粗利を稼ぐことができる時期なのです。

２つ目が、年末年始のセールに向けた準備。どんなスケジュールで実施するのかを議論したり、ダイレクトメールの作成やＰＲにも知恵を絞ります。セールは新規客が獲得できる最大のチャンスでもあるのです。

そして3つ目が、来期の春夏コレクションの展示会の準備。多くのアパレル企業は12月から1月あたりに、来期のラインナップをお披露目するのです。車で言えば「新作発表会」のようなもの。ファッションブランドにとってはとても大切なイベントなのです。

ああ～、もう忙しい！　今日もメシ食えなかったよ。

ワタシもです～。ちょっと休憩しましょうか。

去年もこんな感じでしたよね。

ああ、まあこの時期は仕方ないんだけどな。

ここのところ営業部のメンバーも長時間の残業続き。足元の売上を気にしつつ、少し先のセールというイベントの成功も必須課題。かと言って来期の展示会の準備も手を抜くわけにはいきません。するとそこに福島がやってきました。

お～いみんな、聞いてくれ。

は〜い。

返事をしたのは奈々だけ。どうやら他のメンバーは疲労困憊のようです。

社長から全社員向けに指示があった。

何ですか？　いま、とても忙しいんですけど。これ以上タスクが増えるのは……。

「コスト削減&売上UPキャンペーン」だ。

はあ？

だから、「コスト削減&売上UPキャンペーン」だ！

近藤と奈々もポカンと口を開けて絶句状態。福島の命名は少々センスがなかったかもしれませんが、要するにこういうことです。

つまり、この時期は年間で最大の勝負どころであり、なおかつ多忙を極める。だからどうしても残業が増える。つまり会社としてコストが膨れ上がるわけだ。

そんなこと言ったって、仕方ないじゃないですか！　こっちだって一生懸命……。

もちろんそれはわかっている。だから残業を減らせとは言っていない。

じゃあ、どういうことですか？

つまり、それ以外の方法でできるだけコスト削減の努力をしなさいってことですね。

そう。なおかつ、この時期は当然売上もアップさせなければならない。

コスト管理は言うまでもなく企業にとって重要なテーマです。

しかしながら、企業の営業部門やマーケティング部門などいわゆる「攻め」の仕事をしている人間にとっては、どうしても軽視しがちなテーマとも言えます。どうやら、木村にまた新たなお題が与えられそうです。

そこで木村、この件はキミが仕切ってくれ。

はあ？　何でですか!?

社長からのご指名だ。コスト削減なんて今日か明日すぐに劇的な成果が出るものじゃない。でも、すぐに実践できることがあれば進めてくれ。どんな小さなことでも構わない。じゃ、よろしく！

……どうして俺??

「なるほど」と智香は思いました。

佐野社長はよほど木村の「成長」がこの会社にとって重要だと考えているのでしょう。普通に考えれば、上司の福島か、あるいは別の管理部門が旗振り役をするべきものでしょうから。

コスト削減のカギは「割合」

木村さん、コスト削減方法をじっくり考えている時間はありません。いま、まさにこの瞬間もコストは発生していますから。すぐに何かを実行に移さないと。

そんなこと言われてもだなぁ〜。

1つだけヒントを差し上げましょうか。

いや、別に頼んでないし。

まるで子供のような態度。仏頂面でしばらく智香と目を合わせようとしなかった木村ですが、観念したのか智香のほうを向き「ヒント」を聞くことにしました。

ところが、実はその「ヒント」がこのあと木村にとって最高のプレゼントになるのです。

割合で考えてみてください。

……何だそれ。ヒントになっていないぞ。

よく考えてください。私たちは、いま何にどのくらいコストがかかっているかってすべてをすぐに把握することはできませんよね。ということは、金額という実数でいくら考えても、答えは見つからないってことになりませんか？

……。

だったら割合で考えてみる。〝○○をしたらそのコストの□%が削減できる〟という感じに。この□%という数字が大きいもののうち、すぐにできるものから優先的に着手するんです。

反応のない木村でしたが、次の瞬間、ひらめきます。「割合」で考えろ、という智香のアドバイスのおかげで、どうやら1つ具体策が見つかったようです。

ある。すぐにできることが1つだけ。

え？　何ですか？

しかも、削減率は75%だ。

ニヤッと笑った木村のその顔は、いつも以上に得意げな満面の笑みでした。

2 数字のチカラが全社員を動かした

数字を見せて意味付けをする

翌朝、株式会社ブライトストーンの全社員宛てに、木村からメールが流れました。

このメールに対する社内の反応は上々でした。

提案している内容はごく当たり前のこと。しかし、ちょっと努力すれば75％もカットできるというわかりやすさと、自分のちょっとした努力で「コスト75％カットに貢献した」という事実が、社員を積極的に動かすことになったのです。

[図終-1]　木村からのメール

件名：【重要】コスト75％削減キャンペーン、始まるよ♪

各位

お疲れ様です。木村です。
突然ですが、今日から半永久的に、
社内でのプリンターの使い方を統一します。
①2分割で表裏を使用。つまり通常4枚の印刷を1枚で賄うこと
（よ〜く考えてみて、紙代がなんと75％OFFだよ！）
②白黒で印刷すること
（よ〜く考えてみて、インクはタダじゃないよ！）

※ただし、社外用などやむを得ない場合は
　この限りではありません。

ご存じの通り、この時期からの残業によるコスト増は会社として
無視できない問題です。ですが、
すべき仕事をしないわけにはいきません。
だからこそ、皆さんの協力が必要です。

具体的にどのくらいのコスト削減になるかはわかりません。
でも、まずはやってみましょう。

1人の小さな努力×全社員　＝コスト削減
　　　　　　　　　　　　　＝会社の利益増
　　　　　　　　　　　　　＝(*^0^*)v♪

営業部　木村

木村、今朝のメールいいじゃないか～！　早速みんな意識しているみたいだぞ。

へへ、まあこんなもんっすよ。

この75％カットになるんだ、っていうのがミソだよな。よ～く考えてみたら、こんなに簡単に75％カットできる方法って他にないもんな。

でも、紙代なんてたかが知れていますけどね……。

いやいや、こういうのを続けることが大切なんだよ！

これっておそらく具体的な金額で伝えても小さな額なので誰もピンとこないし、動かないと思うんです。でも、75％というわかりやすい数字を見てみんな動いた。数字のチカラってこういうことなんだなって思いましたよ。

木村はデスクに戻り、明日の会議の資料をプリントアウトします。当然ながら、スライド4枚で紙1枚。逆に、いままで何でも1枚ずつ印刷していた自分を少し反省する、よいきっかけになっていました。

すると、そこに智香が戻ってきました。

メール、見ました。

ん？　ああ……。

みんな協力してくれているみたいですね。

ああ……まあな。

よかったですね。

数字や記号はみんなに届く

……。

さすがにここでは智香にお礼を言わなければならないと思った木村は、妙な緊張感に包まれながら、唾を一度飲み込みます。

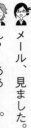

意を決して、「ありがとう」と言おうとしたそのときでした。

でも、あのメールの文章はあり得ませんね。

は？

いい歳した中堅社員が、あんな学生みたいなメール。恥ずかしくないんですか？

あのなぁ！　あれは……なんというか、俺のスタイルなんだよ。それにちょっと砕けた感じでお願いしたほうが、みんなノッてくれるかなと思って。ほら、こういうのってノリも大事だろ？

ノリは必要ありません。必要なのはロジックです。

ま～た始まった。

それきり、２人は会話することなくお互い仕事に取りかかりました。せっかく智香にお礼を言うチャンスがあった木村でしたが、この様子ではどうやら無理のようです。

ところが、ふとあることを思い出した智香から木村に声をかけます。

そういえば1つ言い忘れていました。

あ?

最後に書いてあった公式。あれは素晴らしいと思います。木村さんのメッセージがとてもわかりやすく伝わってきました。数字で使う記号も入れたりして、プレゼン手法としてお手本にしてもいいくらいです。

お、おお。そうか、それはどうもありが……。

でも、最後の絵文字は論外ですけどね。

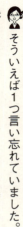

3

人件費を増やさず、売上を増やせ

人事にも相関係数が使える

翌日、木村はあるデータをじっと睨んでいました。「コスト削減の努力をしつつ、売上もアップさせろ」という社長からの命題は、無茶な話と考えることもできるし、でも一方ではビジネスである以上、当然実現させるべきことでもあります。

次に木村が目をつけたのは、店舗スタッフの人員配置でした。

この数カ月で全国の店舗視察をしたところ、明らかに人手が足りていないように見える店舗と、スタッフが暇を持て余している店舗がいくつかあるように感じたからです。これまで店舗スタッフの人数に関しては店長の希望と店舗の売上規模のみで決めていました。

[図終-2] 店舗別　年間売上額×スタッフ累計数(全店舗)

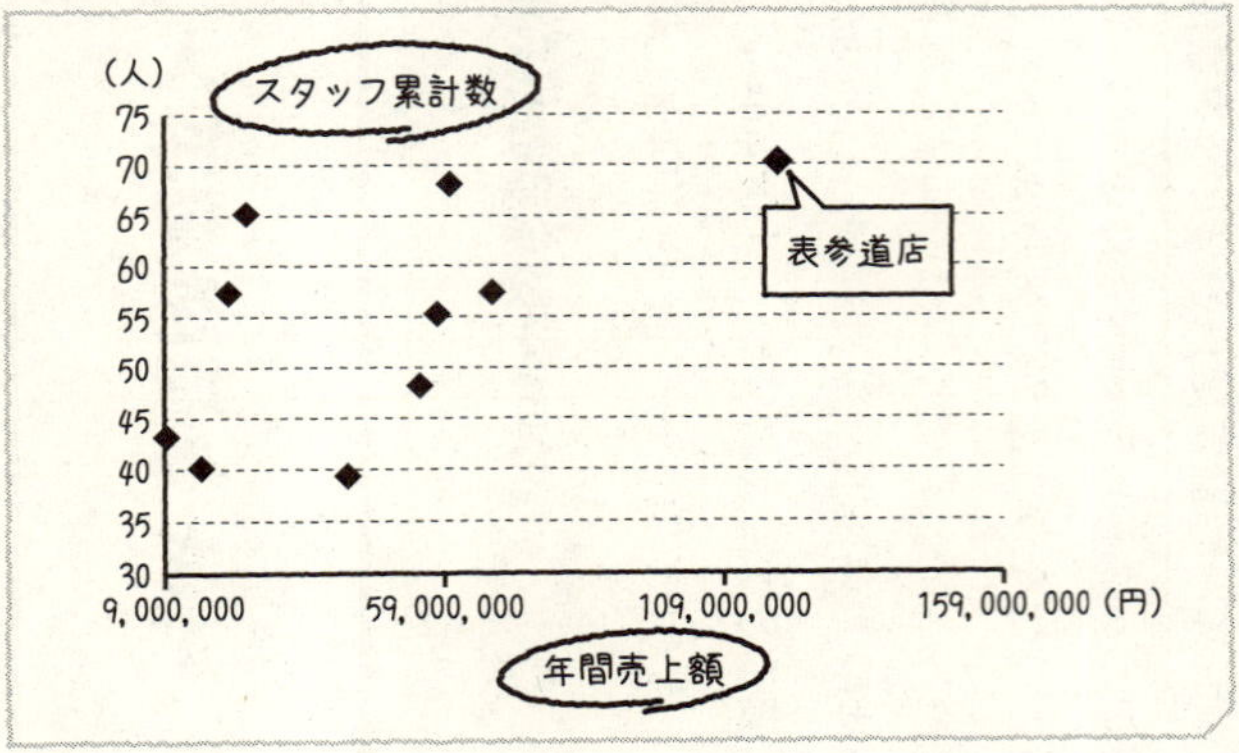

いまから思えば、ちょっと甘かったのかもしれません。

そこで、木村は全国10店舗の従業員数と過去1年間の売上額との関係をまとめてみました。縦軸の従業員数は12カ月で実質稼働したスタッフの累計数です。たとえば、12カ月間ずっと4人でまわした店舗は、4×12＝48人として累計数を算出。その結果が図終―2のデータであり、いま木村がじっと睨んでいる「相手」なのです。

あれ？　何見てるんですか～？

ああ、ショップごとの売上額とスタッフの数だよ。もしかしたら、人員配置

[図終-3] 店舗別　年間売上額・スタッフ累計数一覧表

店舗名	累計売上	スタッフ累計数
表参道店	120,000,000円	70人
新宿店	61,000,000円	68人
横浜店	21,000,000円	57人
名古屋店	55,000,000円	48人
京都店	68,500,000円	57人
梅田店	58,500,000円	55人
心斎橋店	24,500,000円	65人
神戸店	15,500,000円	40人
広島店	9,500,000円	43人
博多店	42,000,000円	39人

で何か改善できることがあるかもしれないと思ってね。

スタッフが多すぎたり、少なすぎたりってことですか？

そう。これを見てどう思う？

奈々はしばらくじっと考えていましたが……。

柴崎さんが教えてくれた相関係数を計算してみたらどうです？

店の売上額とスタッフの人数にどのくらい相関があるかってことか。面白そうだな。

木村は早速エクセルのデータを持ち出し、以前智香にレクチャーされたエクセルの関数「＝CORREL（）」を入力し、相関係数を算出してみました。気が付くと横から近藤もその様子を覗き込んでいます。

相関係数＝0・5894……

……え〜っと、ということはつまり〜？

〝そこそこ〟正の相関があると。

……だから何なんだっけ？

……スタッフが多ければ多いほど、売上も高い傾向にあるということか。まあでもこのグラフも確かにそんな感じに見える気もするな。

……。

3人の感じたことは同じでした。そもそも方針として予測できる売上規模が大きい店舗には人員を多く配置していたわけですから、ある意味では当然の結果です。しかし……。

そういうときはどう考えればいいんでしたっけ？

あ、柴崎さん。なんてタイミングのいい……。

フン。いま、俺たちで考えているところだよ。

……。

……そうか！

気付きましたか。

裏を返す！

仮説をもとにデータを読む

木村は気付きました。予測した売上規模の大小によって配置するスタッフの人数は決めていました。にもかかわらず、実際の売上額と人数には〝強い〟正の相関は見られません。この事実は裏を返すと、多く人数を配置しているにもかかわらず、売上があまり高くない店舗がある。そして逆に、少ない人数にもかかわらず思ったより売上が高い店舗もあることを示唆しているのです。

確かにそう言えますね〜。

相関係数を見れば、そうやって〝アタリ〟をつけられます。そして改めてグラフを確認すれば、具体的にどの店に着目すべきかがわかります。ただし、木村さんのつくったグラフはもうひと工夫するといいですね。

ひと工夫？

はい。見ての通り、明らかに1店舗だけ他と異なる店舗がありますよね。

右上のデータのことか？　これは表参道店だ。

はい、このようなデータは外して分析するとより正確な把握がしやすくなります。たとえば私だったらこのようにします。

[図終-4] 店舗別　年間売上額×稼働スタッフ数(表参道店除く)

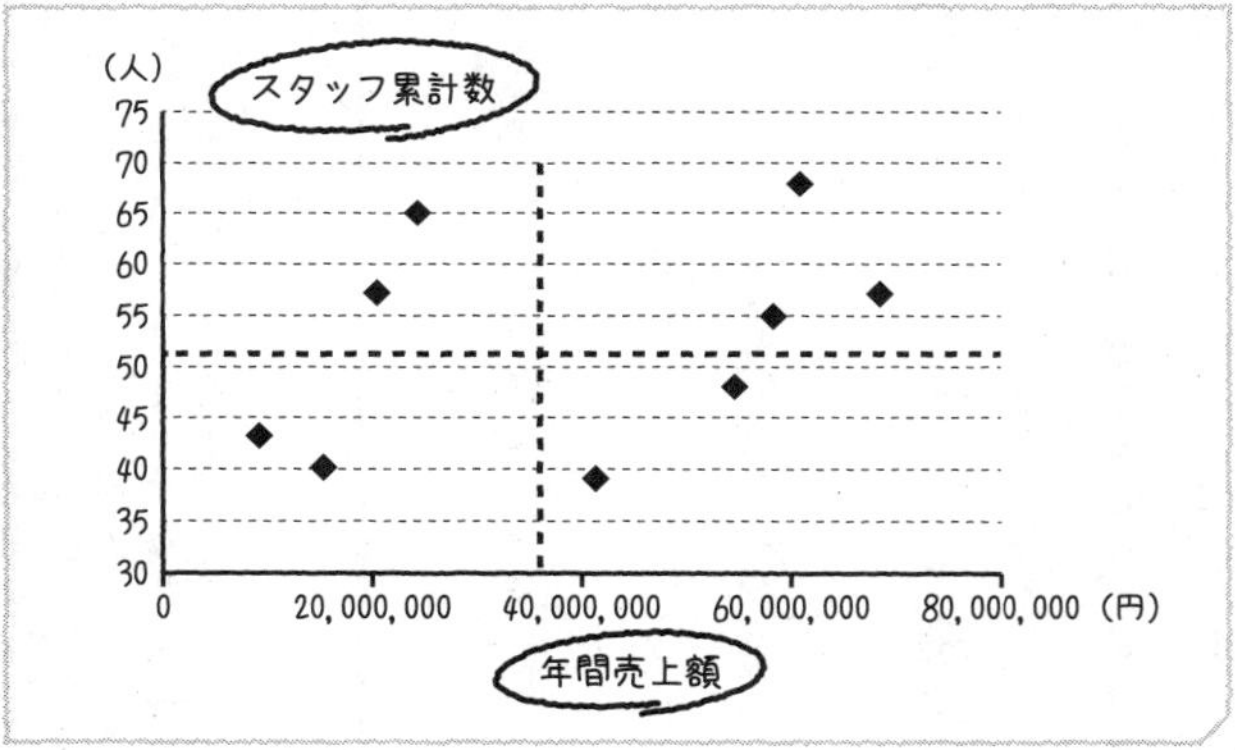

智香が少し手を加え、グラフをつくり変えます。まず表参道店のデータを除き、さらにそのグラフを大きく4分割して見えるよう赤で点線を描き加えました。

4 異例の人事異動は「数字」で決めた

データを「言葉」で表現してみる

確かにこのようなグラフにすれば〝そこそこ〟の正の相関があることがイメージで掴め、どのショップにどんな傾向があるのかが把握しやすくなります。

細かく1店舗ずつ考察する必要はありません。売上の大小、人数の大小で計4つのエリアに分ける程度で十分です。

なんか……どっかで見たな、こんな感じの。

思い出しましたか？　相関係数の正負がどんなロジックで決まるのかを説明したと

きです。

そうだ。あのときも4分割にして考えたな。

はい、視覚的に4分割にしたほうがわかりやすいですから。まず、この4つのエリアの特徴をそれぞれ言葉で表現するとすれば、どうなりますか？

右上のエリアは売上が高く、かつスタッフの人数も多い。

そうです。他も同じように考えればこのようになります。

【右上】スタッフ数が多く、売れている店　（新宿店　京都店　梅田店）
【右下】スタッフ数が少なく、売れている店　（名古屋店　博多店）
【左上】スタッフ数が多く、売れていない店　（横浜店　心斎橋店）
【左下】スタッフ数が少なく、売れていない店（神戸店　広島店）

わかったぞ。当然問題になるのは売上が少ない店舗になるから、この場合は左側の4店舗に注目する。そして、左上のエリアに入っている横浜店と心斎橋店は売上の

[図終-5]「問題あり」な店舗はどれ？

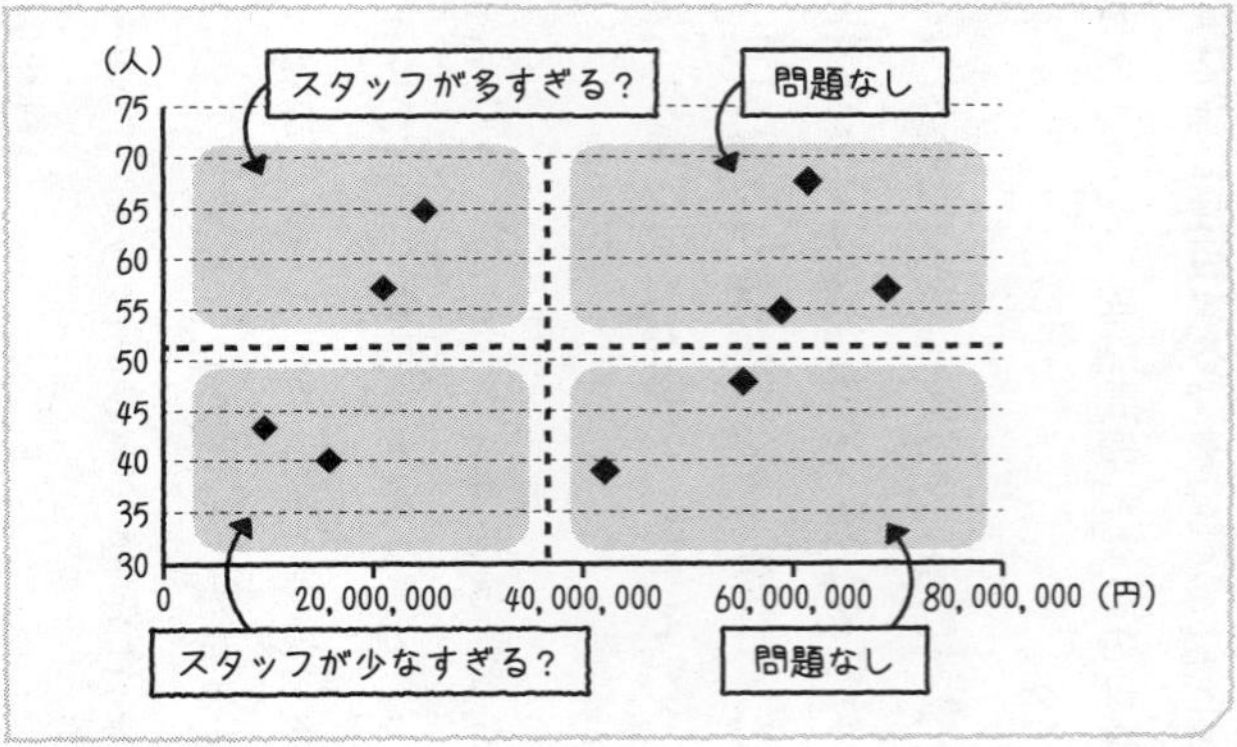

割にスタッフが多い。

ってことは、スタッフはそんなにいらないかもしれないってことですか？

そうだ。そして左下のエリアに入っている神戸店と広島店はスタッフも少ないし売上も低い。

もしかしたら、ここは逆にスタッフが少ないから機会損失している可能性があるかもしれない、ということですか？

私も皆さんと同じように考えます。右側の5店舗は、売上がよいという意味で現状は問題なしと考えましょう。ということは、この分析から導かれる施策はいったい何でしょうか？

3人の視線が木村に集中します。ほんの数秒だったでしょうか。考えを巡らせていた木村の顔がスッと上がります。その結論は、この数カ月で自ら店舗視察をして得た肌感覚と見事に一致していたのです。

左上エリアに入っている店舗のスタッフを何名か減らし、左下エリアに入っている店舗に異動させる。スタッフの頭数、つまり人件費は増やさずに短期間で売上を最大化できる可能性が高い選択は、おそらくそれだ。

はい、私もそう思います（ニッコリ）。

その後、緊急会議で福島とも相談した結果、横浜店と心斎橋店スタッフを急遽、数名ずつ神戸店と広島店へ異動させることに決定しました。

その際に木村が使った資料は先ほどの4分割のグラフのみでした。余計な情報や数字は見せず、シンプルに伝えたことで福島も短時間で意思決定することができたようです。

「WIXY《ウィクシー》」は各店舗ともそれほど大きな店構えではありません。あまり暇そうなスタッフがたくさんいるショップだと、お客様にとっては入りにくい店舗になっているかもしれません。一方、じっくりと接客してほしい客層が多いショップであれば、スタッフが足りないことは致命傷です。

よく考えてみればわかることですが、全10店舗の商品ラインナップはもちろん、雰囲気やディスプレイなどもほとんど変わりはありません。しかしながら「人」は大きく違います。売上に大きく影響する要素と考えるのは妥当でしょう。

木村の提案により、ブライトストーン社は1つ大きな意思決定をしました。

数字で決めると納得感が違う

実売期であるこの時期にショップスタッフが突然異動するというのはあまり例がありません。木村をはじめ営業部員は該当店舗のスタッフに対するメンタル面でのケアもあわせて行っていくことになりました。

今回の件は随分大胆な人員転換だ。混乱が起こらないようにケアを頼むよ。

はい、わかっています。

ところで1つ聞きたいことがあるんだが。

はい、何でしょうか？

いままでの木村なら、ショップスタッフの配置に関しては人一倍こだわりがあったはずだ。私が意見しても決して譲らないこともあったよな。たとえば、コロコロ人を入れ替えるのはよくないとか。

はは……。確かにそんなこともありましたね。

ところが今回の件はアッサリと配置転換を決めた。しかもこんな大胆なプランだ。いったいなぜだろう？

智香は隣にいる木村の表情をうかがいます。

木村は少し考え、横目でチラリと智香を見てから、キッパリこう答えました。

「WIXY」が俺の個人ブランドだったら話は違います。でも、そうじゃないですからね。数字がそう示しているなら仕方ないかなと思って。それでうまくいかなくても、きっと周囲は納得してくれます。

……そうか。

なんか少し変わりましたね。

あ？

いえ、何でもありません。

……別に前と何も変わってねぇよ。

今回の人員配置転換は結果的には奏功しました。勝負どころである実売時期に横浜、心斎橋、神戸、広島の４店舗の売上は見事に伸びたのです。このままいけば、年末年始のバーゲンセールはベストな人員配置で勝負ができそうです。

あの配置転換は、まさにギリギリのタイミングだったのかもしれません。

5 ファッションバカ、唯一の正論

ファッションバカだから言えること

11月のある日のことです。時刻はもう22時をまわっていました。オフィスに残っていた木村と智香はたまたまタイミングよく（悪く？）、同じタイミングで会社を出ることになりました。最寄り駅までの夜道を無言で並んで歩く2人。沈黙が苦手な木村は、業を煮やして話しかけます。

おい。

あの、昭和の夫婦じゃないんですから、その呼び方やめてもらえませんか？

……すごいたとえ方するな。

沈黙は20秒ほどだったでしょうか。

1つ頼みがある。

はい、何でしょうか？

ウチの製品を着て仕事をしてくれないか？

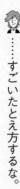

智香の足がピタリと止まります。いつもの調子で冗談を言っているのかと一瞬思いましたが、木村の表情や声のトーンはいつもの「それ」とは明らかに違うものでした。

……なぜですか？

柴崎の仕事の仕方や能力はよくわかった。数字を使うことや数学的なものの考え方がビジネスで必要なことも否定はしない。でもな、やっぱり俺たちはファッションビジネスをやっているんだよ。

……。

ウチの製品のこともちゃんと知ってほしいんだ。魅力や特徴とか、そういったものを感覚的にインプットしてもらいたいんだ。そうした上で、いろんな提案をしてほしい。本来、営業担当だったらそれはマストだ。

……。

珍しく智香は狼狽《ろうばい》していました。

ファッションには少しも興味がなく、「ＷＩＸＹ」のようなテイストの洋服はプライベートでもほとんど着たことがありません。ＴＰＯに合わせて、相手を不快にさせない服装であれば何でもよい。ファッションなどで余計なエネルギーを使いたくない。それが、柴崎智香のファッション観だからです。

うまく説明できないけれど、たとえば居酒屋の店員はその店のメニューを全部食べ

て味を知っているべきだよな。そうでないヤツに「この店のオススメは串焼きです」って言われても、俺は納得いかない。

……。

俺たちのビジネスのお客様も、その商品を愛していて、魅力を理解していて、心から「オススメします」って言える人からウチの商品を買いたいモンだと思うんだよ。

智香はこれまで、「指導者」という視点で仕事に携わってきました。佐野社長からそれを求められていたわけですから、ある意味では当然のことです。

しかし、その一方で株式会社ブライトストーンの営業部に所属し、「ＷＩＸＹ」というブランドを世の中にオススメしていく立場でもあるわけです。

女性であるにもかかわらず、自社製品を自らまったく理解しようとしない智香に対する木村の言葉には、間違いはいっさいありません。

……初めてですね。

ん？

初めて正論を言いましたね。

……。

確かに私が苦手なことです。だから、避けてきました。でも、これに関しては木村さんの言う通りだと思います。

人の意見を認めることもあるんだな。

当たり前じゃないですか。

こうして2人は最寄り駅の改札で別れました。

やってみて初めてわかることもある

そしてその2日後、営業部に衝撃が走ります。

ぶわっははは～！（笑）

柴崎さ～ん、どうしたんですかぁ～!?

……！

なんと、智香が初めて「ＷＩＸＹ」の製品をフルコーディネートで着用し、出社してきたのです。赤のＶネックニットになんと花柄スカート。足元は黒のショートブーツ、首元にはストールまで巻いてアクセントをつけています。

し、柴崎さん!? 今日はどうしたの??

柴崎さん、超似合いますよ～！ モテ女子って感じ♪

ククッ、モテるわけないじゃん。それにコイツにはデートする相手なんていないよ（笑）。

木村さん、笑いすぎ。そもそもセクハラです！

智香の刺すような視線が木村に向けられています。

……絶対に許しません（怒）。

ごめんごめん。いままでと、あまりに違うんで。でも、着てみることで何か感じることもあるんじゃない？

ええ、まあ。私でもなんとか〝着れる〟ってことは、ファッションにうとい人がちょっと背伸びすれば着こなせるって位置付けのブランドなのかもしれません。まだよくわかりませんけど。

この日、木村は一日中ずっと智香の服装をからかい続けたのでした。ほんの少しだけ心に芽生えた「嬉しい」という本音を隠すために。

6 好調の要因、取材させてください！

木村への思わぬご褒美

12月に入り、冬を感じさせる寒さが続くようになりました。株式会社ブライトストーン営業部は3日後に控えた、来年度の春夏コレクション展示会の準備で大忙しです。

しかしながら木村の提案で続いているコスト75％カット企画により、明らかにコピー用紙の消費ペースが激減しました。削減されるコストの額はきわめて小さなものですが、それよりも大きかったのは社員のコスト意識定着に一定の効果があったことです。

また、12月に入っても各店舗の売上は好調な推移を見せています。昨年度よりはよい数字が出ることは間違いないでしょう。

時刻は13時過ぎ。ちょうど外出先から戻ってきた木村がデスクに座ったと同時に、内線電話が鳴りました。

はい。

あ、木村？　いま、ちょっと時間ある？　第一会議室なんだけど。

あ、社長。はい、わかりました。すぐに行きます。

受話器を置くとすぐに会議室に向かい、ノックをして中に入ります。そこには佐野と智香が座っていました。木村は智香の隣にゆっくり腰を下ろします。

おお、悪いね。

はあ、何ですか？

いや、実はな……。

佐野の説明によれば、「WIXY」の昨今の好調の要因を取材したいと、あるテレビの情報番組から依頼があったとのこと。20代後半の女性から支持が高まっている理由と、数字が伸びている秘密をぜひ取材したいとのオファーです。

 テ、テレビですか!? スゴイじゃないですか!

 まあPRの絶好の機会であることはたしかだな。

 そうっすよ! 社長がインタビューとか受けるんですか!?

 いや、私ではないよ。キミたち2人に出演をお願いしようと思ってな。

 え? どうしてですか?

 いや、私はそういうメディアに出たりするのはちょっとな……。それにキミたちみたいに若い者が出たほうがイメージもいい。

正直、そのような経験のない木村の心は躍っていました。ところが、一方の智香はそうではないようです。

私はお断りします。

……何で？

……。

私も社長と同じく、そういうのはちょっと。

でもさ、昨今の好調は間違いなく営業部のキミたち２人の貢献があるからだよ。

……。

その仕事ぶりと、ブランドの魅力をＰＲしてくれればいいんだけどな。

……まあ、あれだ。社長の言う通り、柴崎がいなければおそらくこの取材がくることもなかったかもしれないしな。

お断りします。

だから、どうしてだよ。

智香は観念したように、１つため息をついてから……。

……私なんかが出て、ブランドのイメージが悪くなったら困ります。

ぷっ（笑）。そういうこと気にするんだ。ちょっと意外。

笑うなんて最低。とにかく絶対出ませんから。

ははは、わかった。じゃあ今回は、木村ひとりにお願いしよう。頼むよ。

わっかりました！　いや〜楽しみです〜。

上がりっぱなしの木村のテンションに水をさすかのように、佐野が言葉を続けます。いつもはニヤニヤしながら、のらりくらりと話をすることが多い佐野ですが、このときの表情は真剣そのものでした。

それから1つ、木村に言っておきたいことがある。

……え？

私が柴崎さんをウチに連れてきた理由、もうわかるよね。私は会社のエースが直感

や気分だけで仕事をしては、いつかこの会社は危機を迎えると思っている。

……。

キミへのリクエストはただ1つ。数字を使って、仕事ができるようになってほしい。それだけだ。

……はい。

柴崎さんの指導もよかったんだろう。実際に仕事の仕方が変わってきたようだし、コスト削減の努力をしつつ売上も伸ばすという難しい課題にも一定の答えを出した。

それは……あの……。

今回の取材はちょうどそのご褒美にピッタリかもしれないな。

こうして株式会社ブライトストーンはテレビの情報番組の取材を受けることになりました。働く女性をターゲットにしたビジネスをする、いま旬な企業をおよそ5分間で紹介するコーナーに、店舗や社内の様子とともに木村が単独インタビューに応じるというスタイルです。

明日はいよいよ取材の日

取材前日の夜、木村は早々にオフィスから出るため身支度を始めます。

あれ～？　木村さん、今日は早いお帰りですね～。

おう、ほら、明日アレだからさ。

テレビの取材でしたよね。

そう！　だから、いまから美容院行ってさ、今夜は顔パックして早く寝ないとな。じゃ、お先に～。

デート前日に浮かれるティーンのような木村の思考回路に、隣のデスクで仕事をしていた智香は呆れて絶句しています。

気分は上々の木村はオフィスの外に出ると、千春に電話をかけました。明日のインタビューのことを、まだ伝えていなかったからです。これまで千春の何気ない言葉が木村にいくつかの「気付き」を与えていたことは、木村自身がよくわかっていました。

へぇ〜！ インタビュー!? テレビに出るの!? スゴイじゃない！

ああ、まあな。

ますますブランドも注目されるわね。よかったじゃない。

ああ。

何よ、なんだか素っ気ないわね。

まあアれだ、いろいろとありがとう。

……何が？

いやいや、何でもない。ハハハ〜（笑）。

ねえ、私よりも数学女子にお礼言ったほうがいいんじゃない？

電話を切った木村は振り返り、オフィスのあるビルをしばらく見上げていました。

7 「数字」が武器になることを教わった

全社員が注目！

そして待ちに待ったオンエア当日、時刻は18時20分。コーナーの放送まであと10分というこのタイミングで、株式会社ブライトストーンの全社員がオフィスに設置されたテレビの前に集合していました。この光景をたとえるなら、サッカーワールドカップ日本代表の試合を観戦するためにサポーターが集まったカフェといったところでしょうか。

木村はこの取材内容がどんなものだったのか、この日まで社内の誰にも語ろうとはしませんでした。むしろ誰も見なくていいとまで言います。「あの木村が……絶対おかしい」それが逆に社内の関心を引いたのでしょう。

中央にはニヤニヤしながら座る佐野、その隣には明らかにテンションの低い木村、反対隣には福島、もちろん近藤や奈々も最前列に陣取っています。

智香はというと……、だいぶ後方で腕を組んでテレビ画面を見つめています。

木村がインタビューで語った本音

ついに放送が始まりました。

表参道店をはじめとする主要店舗の外観と展開が映し出され、続いてブライトストーン社のオフィス。真剣に仕事をしている社員の姿が映像で流れています。

勤めている会社がテレビで紹介されるというのは、社員である彼らにとっては大きな喜びであり、モチベーションアップにもなります。それが、佐野社長が今回の取材を受けた裏の理由でもありました。

そして、とうとう木村の単独インタビューが流れ始めます。女性インタビュアーとの1対1での対話形式で話が進んでいくようです。

「W－XY」は、いま20代後半の働く女性がとっても注目しているブランドということなんですけれど、その魅力はいったい何なのでしょう？

はい。着回しが効くベーシックアイテムの豊富さと、オフにちょっとだけ冒険してみたいというオシャレ心に応える〝ハズシ〟のセンスだと思っています。

なるほど～。そのあたりの商品バランスを考えたり、見せ方を考えていらっしゃるのが木村さんなのですね。私が言うのも失礼かもしれませんが、見るからにオシャレですもんね。

いやいや、でもファッションは感性のビジネスですから。まあ正直ボクの力は大きいと思いますよ。

社内は爆笑と悪意のないブーイングで大盛り上がりです。

まさに木村さんはブライトストーン社のエースなのですね。では他に何か好調を支えている秘訣があれば、可能な範囲で結構ですので教えていただけますか？

数字です。

は？

スウジ。1、2、3、4、の数字です。

大盛り上がりだったブライトストーン社のオフィスがピタッと静まり返ります。

数字……ですか？

はい。先ほどファッションは感性のビジネスだと言いました。けれど、感性だけでビジネスをしていては絶対に勝てません。ある意味で対極にある、論理的に考えて数字を扱う数学的な能力が時には必要になってきます。

なるほど。ということは木村さんは数字にも強いんですね？

いいえ、コテコテのド文系、いわゆる数学アレルギーってヤツです。でも、今年に入って俺とは真逆の能力を持った数学オンナが仲間になりました。これがダサいメガネかけた冴えない感じの奴なんですけどね。

は、はあ。

そこから、俺の仕事の仕方が少しだけ変わりました。そして、少しずつですがいろんなことがうまく進むようになってきたんです。

ということは、その新しく入社された方の影響が大きいということですか？

まあそうですね。ファッション業界にああいうタイプの人間って少ないんで、ウチの会社にとってはメチャクチャ強みです。ビジネスでは本当に数字が武器になるんだってことを俺はあの数学オンナに教わりました。最初はエライ腹の立つ奴でして……まあ、いまでは少し感謝しているんですけどね。

こうして支離滅裂なインタビューが終わり、およそ5分間のオンエアは終了しました。

木村が智香に伝えたかったこと

佐野がすぐに木村に声をかけます。

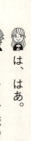

おい、木村。

はい、すみません。実は途中から自分でも何言ってるのかわからなくなりまして。

違う、そうじゃない。

は？

ああいうことは公共の電波を通じて言うのではなく、直接言うモンじゃないのか？

テレビの前に集まっていたメンバーたちが、みんなニヤニヤしながら木村を見ています。

この状況と無言の圧力に観念したのか、ゆっくり後ろを振り返ると智香もバツの悪そうな表情でこちらを見ています。

おい。

昭和の夫婦じゃありません。

……ったく。

沈黙は5秒ほどでした。

……まあ、あれだ。柴崎のおかげでいろいろ勉強になっているし、いまは仕事が以前より充実している。……ありがとう。

いいえ、仕事ですから。ところで、いまのほうが昔より仕事が充実しているんですか？

ああ、まあな。

数字が入っていませんけど。

は？

どれぐらいの充実度か、そこは数字を入れて説明してください（ニコッ）。

2人が出会ってから、まだたったの8カ月。これからも衝突しながら、木村は数字という強力な武器の使い方を学び、真の「エース」へと成長していくことでしょう。

おわりに

最後までお読みいただき、ありがとうございました。

あなたの目に、木村斗真という人物はどのように映ったでしょうか。

「あはは、ダメなヤツだなぁ」「いるいる、こういうヤツ」……笑いながら未熟な彼の奮闘ぶりを見守っていた方も多いかもしれませんね。

しかし、そんなあなたに私は次の質問を投げかけたい。

「ところで、あなたはいま職場で柴崎智香になっていますか？」と。

いまあなたは、自分は木村斗真ではないと思っているかもしれません。

しかし、本当にそうでしょうか。知っていることと実際に現場でできることは、やはり違うのです。

本書をお読みいただいたあなただからこそ、どうかあなたの職場の〝智香〟になってください。それが、私の心からの願いです。

またいつか、主人公の2人と共に皆さんにお会いできる機会を楽しみにしています。

深沢真太郎

最後にメッセージ

本書でお伝えしている「本質」を1人でも多くのビジネスパーソンに伝え、実務に活かしていただき、結果、笑顔になってほしい。私はそう思って今日も活動をしています。あなたの会社や組織に「数字」のチカラが必要でしたら、いつでもご相談ください。もしあなた自身が柴崎智香になりたいなら、私が責任者を務める「ビジネス数学インストラクター制度」をご利用ください。

働くすべての人が、数字と仲良くなれますように。

本書の感想はこちらに。必ずお返事差し上げます。

info@bm-consulting.jp

２０２０年11月

深沢真太郎

本書は2013年に日本実業出版社から発行した『数学女子 智香が教える 仕事で数字を使うって、こういうことです。』を文庫化にあたって大幅に加筆修正したものです。

日経ビジネス人文庫

数学女子《すうがくじょし》 智香《ともか》が教《おし》える

仕事《しごと》で数字《すうじ》を使《つか》うって、こういうことです。

2019年9月2日 第1刷発行
2025年3月7日 第4刷

著者
深沢真太郎
ふかさわ・しんたろう

発行者
中川ヒロミ

発 行
株式会社日経 BP
日本経済新聞出版

発 売
株式会社日経 BP マーケティング
〒105-8308 東京都港区虎ノ門 4-3-12

ブックデザイン
鈴木大輔・仲條世菜（ソウルデザイン）

本文 DTP
ホリウチミホ（nixinc）

印刷・製本
中央精版印刷

Printed in Japan ISBN978-4-532-19957-9

nbb 好評既刊

ずるいえいご
青木ゆか・ほしのゆみ
もう暗記は要りません！　中学英語レベルでだれでも〝ぺらぺら〟になる4つのメソッドを、コミックエッセイで楽しく解説。

なんでも英語で言えちゃう本
青木ゆか
違いは「発想」だけだった！　中学・高校レベルの単語でスムーズに会話できるメソッドを、ベストセラー『ずるいえいご』の著者が徹底解説。

魔法のラーメン発明物語
安藤百福
「チキンラーメン」「カップヌードル」を生み出した、日清食品創業者の不撓不屈の人生。チキンラーメン50周年に合わせて文庫化。

世界で活躍する人の小さな習慣
石倉洋子
プレゼンテーション必勝法、自分の市場価値の考え方――。ダボス会議などで広く活躍する著者が、「世界標準」の働き方や考え方のコツを伝授。

やりたいことを全部やる！時間術
臼井由妃
仕事、自分磨き、趣味……やりたいことが全部できる！　時間管理の達人が教えるONとOFFのコツ。「働き方改革」実現のヒントが満載。

日経 好評既刊

「3人で5人分」の成果を上げる仕事術
小室淑恵
残業でなんとかしない、働けるチームをつくる、無駄な仕事を捨てる……。限られた人数と時間で結果を出す、驚きの仕事術を大公開！

戦略プロフェッショナル
三枝 匡
日本企業に欠けているのは戦略を実戦展開できる指導者だ。市場シェアの大逆転を起こした36歳の変革リーダーの実話から描く改革プロセス。

経営パワーの危機
三枝 匡
変革のリーダーがいない。危機感がない。崩壊寸前の企業を甦らせた若き戦略型経営者の実話に基づくストーリーからマネジメントの真髄を説く。

V字回復の経営
三枝 匡
「V字回復」という言葉を流行らせた話題の書。実際に行われた組織変革を題材に迫真のストーリーで企業再生のカギを説く。

佐藤可士和の超整理術
佐藤可士和
各界から注目され続けるクリエイターが、アイデアの源を公開。現状を打開して、答えを見つけるための整理法、教えます！